성공의 검은 속임수

성공의 검은 속임수

감춰진 매트릭스 탈출 버튼

초판 1쇄 발행 2025년 7월 11일

저　자 | 전창식
발행인 | 전창식
펴낸곳 | 인사이드
등　록 | 2025.05.27.(제2025-000053호)
주　소 | 서울특별시 강서구 마곡중앙로 161-8 두산더랜드파크 A동 7층
전　화 | 1661-7818
이메일 | salehouse@naver.com

ISBN | 979-11-993073-3-9　03320

ⓒ 인사이드 2025
본 책은 저작자의 지적 재산으로서 무단 전재와 복제를 금합니다.

성공의 검은 속임수
감춰진 매트릭스 탈출 버튼

전창식 지음

인사이드

프롤로그

당신 손에 들린 것은 지도인가
또 다른 함정인가

우리는 살아가면서 수많은 조언과 가르침을 받는다. 성공으로 가는 길, 행복으로 향하는 여정은 마치 잘 닦인 고속도로처럼 명확하게 제시되곤 한다. 노력은 배신하지 않으며, 정직과 성실함은 언젠가 빛을 발하고, 선한 의도는 결국 승리한다는 믿음. 이러한 이야기들은 우리 사회를 지탱하는 아름다운 약속처럼 보인다. 대부분의 사람들은 이 약속을 의심 없이 받아들이며, 주어진 지도를 따라 묵묵히 자신의 길을 걸어간다. 그 지도가 혹시 잘못된 곳을 가리키고 있을지도 모른다는 생각은 애써 외면한 채 말이다.

하지만 어느 순간, 마음속 깊은 곳에서부터 불편한 질문들이 고개를 들기 시작한다. "정말 이 길이 맞는 걸까?" 아무리 열심히 페달을 밟아도 앞으로 나아가지 못하고 제자리걸음만 하는 듯한 무력감. 분명 지도에는 여기가 평탄한 길이라고 적혀 있었는데, 현실은 온통 자갈밭이거나 끝 모를 안갯속이다. 성공이라는 목적지는 여전히 아득하기만 하고, 오히려 길을 잃은 듯한 불안감만 커져간다. 주변을 둘러보면 어떤 이들은 너무나 쉽게, 마치 비밀 통로라도 아는 것처럼 원하는 것을 성취해 나가는 반면, 대다수는 여전히 보이지 않는 벽 앞에서 좌절하고 있다. 이것이 과연 개인의 능력이나 노력만의 차이일까?

어쩌면 우리가 철석같이 믿고 따랐던 그 '성공 지도' 자체가, 처음부터 잘못된 것일지도 모른다. 그것은 모두에게 공평하게 주어진 보물 지도가 아니라, 소수의 누군가가 자신들의 이익을 위해, 혹은 대중을 특정 방향으로 유도하기 위해 그려놓은, 아름답지만 치명적인 함정은 아니었을까? 그 지도 위에는 듣기 좋은 격려와 희망찬 약속들이 가득하지만, 정작 이 험난한 여정에서 반드시 알아야 할 현실적인 위험 요소나 게임의 진짜 규칙 그리고 승자들이 은밀하게 사용하는 '이면의 기술'에 대해서는 한마디 언급조차 없다. 그들은 우리가 그 모든 것을 알기를 원하지 않는다. 그저 주어진 틀 안에서 순응하며 살아가는 것을 더 선호하기 때문이다.

이 책은 그런 기만적인 지도를 또 하나 만들어 독자들을 현혹하려는 의도가 전혀 없다. 오히려 그동안 우리가 무비판적으로 수용해왔던 낡고 해로운 모든 믿음과 성공 공식들을 하나하나 해체하고, 그 이면에 숨겨진 세상의 불편한 진실을 직시하도록 이끌 것이다. 이 책은 세상이 어떻게 우리의 순진함을 이용하고 욕망을 조종하여 자신들의 시스템을 유지하는지, 그리고 소위 '성공한 사람들'은 어떤 방식으로 이 불공평한 게임에서 승리하는지 그 냉정한 메커니즘을 파헤친다.

따라서 이 책을 읽는 과정은 때로 불편할 수 있다. 오랫동안 당연하다고 믿어왔던 가치들이 흔들리고, 세상에 대한 신뢰가 깨지는 경험을 할 수도 있다. 하지만 이러한 각성이야말로 우리가 진정한 자기 삶의 주인으로 거듭나기 위해 반드시 통과해야 할 관문이다. 더 이상 남들이 만들어 놓은 무대 위에서 주어진 각본대로 춤추는 삶을 거부하고, 우리 스스로 무대를 선택하고 우리만의 춤을 추기 위한 첫걸음인 것이다.

이 책의 마지막 페이지를 덮을 때쯤이면, 이전과는 전혀 다른 시각으로 세상을 바라보는 자신을 발견하게 될 것이라 확신한다. 모든 환상이 걷힌 자리에 남는 것은 때로 냉혹한 현실이지만, 그 현실을 정확히 인식할 때 비로소 우리는 진짜 힘을 가질 수 있다. 우리 안의 잠자던 가능성을 깨우고, 주어진 운명에 저항하며, 자신만의 성공스토리를 써 내려갈 수 있는 용기를 얻게 될 것이다.

이것은 단순한 지식 전달을 넘어선, 하나의 '각성을 위한 도구'다. 낡은 세계관을 부수고 새로운 현실을 창조하고자 하는 모든 이들을 위한 초대장이자, 매트릭스와 같은 세상의 속박에서 벗어나고자 하는 이들에게 건네는 하나의 '탈출 버튼'이다. 그 버튼을 누르고 새로운 여정을 시작할지, 아니면 익숙한 환상 속에 머무를지는 온전히 각자의 선택에 달려있다.

만약 이 불공평하고 기만적인 게임의 판도를 바꾸고, 자신만의 방식으로 승리하며, 진정으로 원하는 것을 쟁취하고자 하는 갈망이 있다면, 이제 이 책이 안내하는 위험하지만 매혹적인 진실의 세계로 함께 나아갈 준비를 하자. 진짜 싸움은 이제부터 시작이다.

목차

프롤로그　　당신 손에 들린 것은 지도인가, 또 다른 함정인가　　004

제1부　세상은 당신을 어떻게 기만하는가
그럴듯한 믿음 뒤의 숨겨진 진실

제1장　　세상은 원래 불공평하다　　015
　　　　당신이 가장 먼저 직면해야 할 현실의 민낯

제2장　　평범한 삶이라는 거대한 착각　　024
　　　　당신은 상위 10%의 특권을 욕망한다

제3장　　도덕이라는 아름다운 굴레　　029
　　　　누가 당신의 선량함을 이용하는가

제4장　　신데렐라 판타지의 배신　　036
　　　　동화적 환상과 현실의 냉혹한 계약

제5장　　낡은 공식, 이제는 폐기하라　　043
　　　　그들은 어떻게 판을 흔드는가

제6장　　성공스토리, 믿고 따르면 성공하나요　　050
　　　　'성공 포르노' 해독법

제7장　　소확행이라는 달콤한 도피　　057
　　　　당신의 거대한 욕망은 안녕하십니까

제2부 　불편한 진실의 게임
승자들은 당신의 눈을 가리고 현실을 조종한다

제8장	샤넬은 어떻게 성공을 거래했나 욕망과 야망, 그 이면의 계약	067
제9장	인맥이라는 가장 달콤한 신기루 모든 관계는 '가치 교환'이라는 코드 위에 있다	074
제10장	현대판 카스트 시스템의 탄생 당신의 계급은 이미 정해져 있다	081
제11장	매력 자본이라는 가장 불공평한 무기 외모는 어떻게 성공의 판도를 바꾸는가	088
제12장	넘어진 자와 다시 일어서는 자 실패의 무게는 왜 당신에게만 가혹한가	094
제13장	결혼은 사랑인가, 비즈니스인가 냉정한 현실의 손익계산서	101
제14장	승자들의 마지막 가면 뒤편 그들이 공유하지 않는 '성공의 연금술'	108

제3부　판을 뒤집는 생존자들
냉혹한 현실에서 새로운 길을 창조하라

제15장	**성공의 리그로 점프하는 법** 그들의 공기를 마시고 성공의 코드를 읽어내라	119
제16장	**성공 로드맵을 채워줄 사람들** '보이지 않는 손'을 움직이는 기술	126
제17장	**네임밸류 시대의 서막** 당신의 이름에 모든 것을 걸어라	134
제18장	**각본 없는 인생을 선택하라** 세상이 정해준 길 끝은 절벽이다	143
제19장	**불리한 판은 과감히 떠나라** 기회가 없다면 새로운 게임을 설계하라	150
제20장	**도덕이라는 우아한 틀을 넘어서** 때로는 경계를 넘어야 기회가 보인다	156
제21장	**경계를 허무는 승리자들의 비밀** 세상이 당신에게 숨기는 '이면의 기술'	163
제22장	**나의 모든 것이 밑천이다** 기회를 창조하는 결정적 와일드카드	169
제23장	**그들의 지지에는 조건이 붙어있다** 당신의 성공 앞에 그들이 진짜 원하는 것	177

제24장	기회는 기다려주지 않는다	182
	망설임의 대가는 생각보다 크다	
제25장	관계라는 이름의 체스판	190
	버릴 인연과 잡을 동맹의 전략적 재평가	

제4부 가면을 벗은 통치자
나만의 규칙으로 세상을 재편성하라

제26장	성공을 위한 운영체제	203
	'주식회사 나'로 리부팅하라	
제27장	의심의 목소리를 잠재우는 힘	207
	성공을 위한 자기확신훈련	
제28장	현실 직시, 그 이후	212
	이제 무엇으로 당신의 삶을 바꿀 것인가	
제29장	새로운 판의 완전한 주권자	217
	당신의 규칙으로 질서를 만들어라	

| 에필로그 | 익숙한 틀을 넘어, 당신의 진짜 이야기를 시작하며 | 221 |

Intermission

가장 깊은 잠에서 깨어날 때,
눈은 가장 시리다.

당신이 마주할 첫 번째 진실은 언제나
가장 눈부시고, 가장 아프다.

1부

세상은 당신을
어떻게 기만하는가

그럴듯한 믿음 뒤의 숨겨진 진실

제1장

세상은 원래 불공평하다

당신이 가장 먼저 직면해야 할 현실의 민낯

"세상은 공평하다."
"모든 사람은 평등한 기회를 갖는다."
"노력하면 누구든 성공할 수 있다."

이 얼마나 듣기 좋고 위안이 되는 말인가? 우리는 아주 어릴 때부터 이 아름다운 문장들을 자장가처럼 들어왔고, 마치 그것이 이 세계를 지탱하는 불변의 진리라도 되는 것처럼 믿어 의심치 않았다. 실제로 우리 주변에는 여전히 많은 사람들이 세상의 공정함을 이야기하고, 개인의 노력이 모든 것을 결정한다고 힘주어 말한다. 그들은 과거에 비해 우리 사회의 많은 부분이 투명해지고, 기회의 문턱 또한 상당히 낮아졌다고 주장한다.

물론, 그들의 말이 완전히 틀린 것은 아니다. 과거의 노골적인 차별이나 불합리가 상당 부분 개선되고, 사회 시스템이 개인의 권리를 존중하는 방향으로 발전해온 것은 부인할 수 없는 사실이다.

'공정'과 '공평', 우리가 흔히 하는 착각

하지만 바로 여기서, 우리가 세상을 이해하는 데 있어 가장 중요한 개념적 구분이 필요하다. 바로 '공정'과 '공평'이다. 많은 경우, 두 단어가 비슷한 의미라고 생각하거나 무의식적으로 혼용하곤 하지만, 이 둘의 차이를 이해하지 못할 때 세상에 대한 근본적인 오해가 시작된다.

'공정(公正)'은 정해진 규칙이나 절차가 모두에게 차별 없이 적용되는 것을 의미한다. 반면, '공평(公平)'은 각자의 다른 상황과 조건을 고려하여 결과적으로 부당함이 없도록 하는 것에 가깝다.

이 차이는 100미터 달리기를 상상하면 쉽게 와 닿는다. 모두에게 "땅!" 하는 동일한 출발 신호를 주는 것은 명백히 '공정'한 규칙이다. 하지만 한 선수는 최고급 스파이크를 신고 있고, 다른 선수는 맨발로 달릴 수밖에 없다면 어떨까? 아마도 경기 결과는, 두 사람의 재능이나 노력과는 무관하게 결정될 가능성이 높다. 규칙은 공정했지만, 과연 이 경기가 '공평'하다고 말할 수 있을까?

과정의 공정함이 결과의 공평함을 보장하지는 않는다는 것. 맨발로 달리는 선수에게 "출발 신호는 모두에게 똑같았어"라고 말하는 것이 아무런 위로가 될 수 없다는 것. 이것이 우리가 마주한 현실의 핵심이다.

어쩌면 당신은 세상이 돌아가는 방식에 대해 지금까지 별다른 의문을 품어본 적 없을지도 모른다. 매일 반복되는 일상 속에서, 그저 맡은 바 최선을 다하며 살아가는 것이 당연하다고 여겼을 수 있다. 때로는 노력만큼 결과가 따라주지 않아 답답함을 느끼거나, 남들과 비교하며 조바심을 냈을지라도, 그것을 세상의 탓으로 돌리기보다 자신의 부족함을 먼저 돌아봤을 가능성이 크다. "내가 더 열심히 했더라면", "나에게 조금만 더 운이 따랐더라면" 하고 말이다.

하지만 만약, 당신이 어렴풋이 느껴왔거나 혹은 애써 외면했던 그 설명하기 어려운 어떤 '보이지 않는 벽'이나 '기울어진 운동장' 같은 것이 실제로 존재한다면 어떨까? 소수의 승자들은 바로 그 위에서 편안하게 게임을 즐기고 있다면 말이다. 그리고 그것이 당신의 착각이나 피해의식이 아니라, 당신이 살아가는 이 세계를 지배하는 냉혹한 기본 원리였다면?

미안하지만, 이 책은 바로 그 불편한 가능성을 당신 앞에 정면으로 펼쳐 보이려 한다. 당신이 어떤 생각을 해왔든, 이 세계의 가장 근본적인 진실 중 하나는 이것이다. 세상은 원래부터 불공평하게 설계되었으며, 이 게임의 디폴트(Default) 값은 처음부터 '불평등'으로 맞춰져 있다.

불공평은 어떻게 우리의 삶을 지배하는가

　세상의 불공평함은 단순히 '누구는 부유하게 태어나고 누구는 가난하게 태어난다'는 식의 단편적인 출발선 문제에만 머무르지 않는다. 그것은 훨씬 더 복잡하고 다층적인 방식으로 우리 삶의 모든 국면에 깊숙이 관여하며, 보이지 않는 손처럼 우리의 선택과 가능성을 조종한다.

　첫째, 당신이 선택할 수 없었던 초기 조건의 차이는 인생이라는 게임의 난이도를 처음부터 극명하게 갈라놓는다. 어떤 가정환경에서 어떤 문화적 자양분을 받으며 성장했는지, 어떤 교육의 기회를 누릴 수 있었는지, 그리고 어떤 사회적 네트워크 안에서 첫발을 내디뎠는지에 따라 당신이 활용할 수 있는 자원과 정보의 질과 양은 엄청나게 달라진다. 마치 어떤 플레이어는 처음부터 강력한 아이템과 비밀 지도를 손에 쥐고 시작하지만, 당신은 맨몸으로 험난한 미로에 던져진 것과 같다.

　둘째, 게임의 규칙 자체가 모두에게 공평하게 적용되지 않는다. 사회를 지탱하는 법, 제도, 시장의 원리, 심지어 교육 시스템마저도 겉으로는 중립적이고 객관적인 것처럼 보이지만, 실제로는 기존 시스템의 설계에 관여했거나 그 구조를 통해 보이지 않는 이점을 누리는 이들에게 암묵적으로 유리하게 작용하거나, 현재의 질서가 견고하게 유지되도록 작동하는 경우가 많다. '공정한 경쟁'이라는 구호 뒤에는, 종종 승자에게 모든 것이 집중되고 패자에게는 재기의 기회조차 주어지지 않는 냉혹한 승자 독식의 논리가 숨겨져 있다.

셋째, 결정적인 기회와 자원은 결코 무작위로 분배되지 않는다. 인생의 중요한 전환점이 될 수 있는 기회, 성공으로 가는 데 필요한 핵심 정보, 당신을 도와줄 수 있는 영향력 있는 인물과의 연결은 마치 보이지 않는 자석에 이끌리듯 특정 그룹에게 우선적으로 흘러 들어간다. 당신이 아무리 간절히 원하고 노력해도, 그 '기회의 창'은 당신 앞에서 너무나 쉽게 셔터를 내리거나, 애초에 열리지도 않을 수 있다.

넷째, 당신의 노력과 성과에 대한 평가와 보상마저도 객관적이지 않을 수 있다. 동일한 노력을 기울여도, 비슷한 결과를 만들어내도, 당신이 누구이며 어떤 배경을 가졌는지에 따라 세상의 평가는 미묘하게, 혹은 노골적으로 달라질 수 있다. 누군가의 작은 성공은 과대 포장되어 칭송받지만, 당신의 힘겨운 분투는 그저 당연한 것으로 치부되거나 제대로 인정받지 못하는 경험을 당신은 이미 여러 번 겪었을지도 모른다.

불공평함을 가리는 달콤한 속삭임

이처럼 명백하게 존재하는 세상의 불공평함에도 불구하고, 우리는 왜 이 진실을 쉽게 인정하지 못하거나 애써 외면하려 할까? 그 이유는 우리 사회가 끊임없이 개인에게 '모든 것은 너의 노력과 능력에 달려있다'는 메시지를 주입하기 때문이다.

미디어는 극소수의 성공 신화를 반복적으로 보여주며 환상을 퍼뜨리고, 교육은 '하면 된다'는 노력만을 강조하며 시스템의 구조적인 문제는 가르쳐주지 않는다. 심지어 당신 주변의 많은 사람들도 당신이 무언가에 실패했을 때, 그 원인을 '네 노력이 부족해서', 혹은 '네가 아직 준비되지 않아서'라고 쉽게 단정 지으며, 모든 책임을 당신 개인에게 돌리도록 유도한다.

그렇다면 왜 우리는 이러한 변명과 낙관론에 쉽게 넘어가는 것일까? 단순히 미디어나 교육 탓으로만 돌리기에는 석연치 않은 구석이 있다. 여기에는 우리의 심리 깊숙한 곳에 자리한 몇 가지 함정이 도사리고 있기 때문이다.

첫째는 '희망이라는 이름의 마약'이다. 한 줄기 빛조차 없는 절망보다는, 아주 희박하더라도 '나도 언젠가는 저렇게 될 수 있지 않을까?'라는 희망이 심리적으로는 견디기 쉽다. 극소수의 성공 사례는 마치 복권 당첨처럼 '나에게도 기적이 일어날 수 있다'는 착각을 불러일으키며, 이 달콤한 착각은 불공평한 시스템 자체에 대한 근본적인 분노를 무디게 만든다. 결국, 그 희망은 현실을 바꾸는 동력이 되기보다는, 현실을 잠시 잊게 하는 진통제 역할을 할 뿐이다.

둘째는 '변화에 대한 본능적인 두려움'이다. 세상이 불공평하다는 것을 온전히 인정하는 순간, 우리는 기존의 삶의 방식을 전면적으로 재검토하고, 때로는 모든 것을 걸고 새로운 도전을 감행해야 하는 상황에 직면할 수 있다. 그 과정의 불확실성과 잠재적 위험은 인간의 본능적인 안정 추구 욕구와 정면으로 부딪힌다. 차라리 익숙함 속에서 '이만하면 됐다'고 스스로를 위로하거나, '내 노력이 부족했을 뿐'이라며 안전한 자기 비난의 영역으로 도피하는 편이 단기적으로는 덜 고통스럽기 때문이다. 이 안주하려는 본능이야말로 시스템이 가장 좋아하는 개인의 취약점이다.

셋째는 '인지부조화의 덫'이다. 우리는 이미 이 불공평한 게임에 너무 많은 시간과 노력을 쏟아부었다. '내가 이렇게까지 했는데, 설마 이 게임 자체가 잘못되었을리가 없어'라는 무의식적인 방어기제가 작동하는 것이다. 만약 게임의 규칙 자체가 잘못되었다고 인정해버리면, 지금까지의 내 모든 노력과 희생이 물거품이 되거나 무의미한 것으로 전락할까 두려운 것이다. 그래서 우리는 불편한 진실을 외면하고, 어떻게든 기존의 믿음 체계 안에서 상황을 합리화하려 애쓴다. '조금만 더 하면 될 거야'라고 스스로를 다독이면서 말이다.

이것이 바로 세상이 당신에게 거는 첫 번째 '검은 속임수'다. 즉, 세상의 본질적인 불공평함을 은폐하고, 그로 인한 모든 불이익과 실패의 책임을 오롯이 당신 개인의 몫으로 떠넘기는 것이다. 이 교묘한 속임수는 당신이 겪는 좌절이 마치 온전히 당신의 무능함이나 나태함 때문인 것처럼 착각하게 만든다. 외부의 구조적인 문제를 보지 못하고, 내부에서 스스로를 좀먹는 적을 키우게 되는 것이다. 이 잘못된 믿음에 사로잡히는 순간 당신은 영원히 자기 비난과 무력감의 굴레에서 벗어날 수 없게 된다.

불편한 진실을 인정하는 용기

이 책은 당신에게 절망감을 안겨주거나 세상을 향한 분노만을 터뜨리게 하기 위해 이 모든 불편한 진실을 이야기하는 것이 아니다. 오히려 그 반대다.

세계 최고의 성공 신화를 쓴 빌 게이츠가 했다고 알려진 유명한 말이, 우리가 왜 이 진실을 인정해야만 하는지에 대한 모든 것을 말해준다.

"인생이란 결코 공평하지 않다. 그 사실에 익숙해져라."
Life is not fair. get used to it. - 빌 게이츠 -

그렇다. 세상이 원래 불공평하다는 냉엄한 현실을 있는 그대로 받아들이고 '익숙해지는 것'. 이것이야말로 당신을 가두었던 모든 순진한 환상과 자기기만의 사슬을 끊고, 비로소 당신을 더 강력하고 현명하게 만들기 위한 첫 번째 관문이다.

이 불공평의 본질을 정확히 꿰뚫어 보는 순간, 당신은 더 이상 세상의 환상에 쉽게 빠져들지 않을 것이다. 막연한 희망에 당신의 소중한 시간과 에너지를 낭비하는 어리석음을 반복하지도 않을 것이다. 그리고 비로소, 이 기울어진 판 위에서 당신만의 방식으로 승리하기 위한 진짜 전략을 고민할 준비가 된 것이다.

이제 당신은 이 불균형한 판 위에서, 어떤 가면을 쓰고 어떤 새로운 규칙으로 당신만의 길을 펼쳐나갈 것인지 스스로 결정해야 한다. 하지만 그 첫발을 내딛기 전에, 우리가 가장 순진하게 믿고 안일하게 추구해왔던 '평범한 삶'이라는 목표 자체가 어쩌면 이 불공평한 세상이 던져놓은 가장 교묘한 환상이자, 또 다른 덫일 수 있다는 사실을 먼저 간파해야 할지도 모른다. 당신이 그토록 소박하다고 믿었던 그 꿈이 왜 실제로는 극소수에게만 허락된 특권에 가까운지, 다음 장에서는 그 불편한 진실의 민낯과 마주하게 될 것이다.

제2장

평범한 삶이라는 거대한 착각
당신은 상위 10%의 특권을 욕망한다

주변을 둘러보면 많은 사람들이 쉽게 내뱉는 말이 있다. "나는 큰 욕심 없어. 그냥 남들처럼 평범하게 살고 싶어." 이 '평범함'이라는 단어에는 왠지 모를 아늑함과 최소한의 기대치가 담겨 있는 듯하다. 마치 조금만 노력하면, 혹은 운이 조금만 따라주면 누구에게나 허락될 것 같은 그런 삶.

그래서 나는 그들에게 종종 묻는다. "네가 생각하는 '평범함'의 기준이 어떤 건데?" 그러면 이러한 대답들이 돌아온다. "그냥 평범한 집에 살면서, 가끔 해외여행도 다니고, 주말에는 가족들과 외식도 하고, 소소한 취미 생활도 즐기면서 사는 것" 이 '소박한' 꿈, 과연 현실에서도 정말 소박한 것일까?

미안하지만, 이제 냉혹한 진실을 마주할 시간이다. 우리가 지금

머릿속에 그린 그 '평범한' 삶의 모습, 그것은 더 이상 대한민국에서 평범하지 않다. 그것은 통계적으로 보나 현실적인 달성 가능성으로 볼 때, 적어도 상위 10% 이상에게 허락되는 '특권'에 가깝다. 지금부터 그 이유를 하나씩 알아보자.

'평범한 삶'의 값비싼 청구서

먼저, '평범한 집'이라는 조건부터 따져보자. 대부분은 적어도 수도권에 있는 '아파트'를 떠올린다. 아파트를 마련하려면 얼마나 많은 돈과 시간이 필요한지 냉정하게 생각해 보자. 천정부지로 치솟은 집값에 비해 월급 인상률은 거북이걸음이다. 실제로 2024년 기준, 서울의 평균적인 아파트를 사기 위해서는 월급을 한 푼도 쓰지 않고 15년 이상을 모아야 한다는 통계 (PIR 지수)는 이 절망적인 현실을 숫자로 증명한다. 평생을 허리띠 졸라매고 아끼고 모아도 자기 이름으로 된 작은 아파트 하나 갖기가 지극히 어려운 과제가 된 것이 지금 대한민국의 현실이다. 매달 월급에서 빠져나가는 주거비와 관리비, 대출 이자를 생각하면 '내 집 마련'이라는 꿈은 절대 평범한 일이 아니다.

'평범한 삶'에는 가끔 떠나는 해외여행, 주말의 여유로운 가족 외식, 소소하지만 확실한 행복을 주는 취미 생활도 포함되어 있다. 이런 생활을 어느 정도 누리려면, 적어도 안정적인 대기업이나 공기업 수준의 연봉은 되어야 한다.

하지만 여기서 또 다른 불편한 진실과 마주해야 한다. 대한민국 전체 일자리 중에서 소위 말하는 '좋은 일자리', 즉 안정성과 높은 연봉을 기대할 수 있는 이러한 일자리가 차지하는 비율은 과연 얼마나 될까? 취업 시장에 뛰어드는 수많은 사람 중 극소수만이 이 바늘구멍을 통과한다. 하늘의 별 따기보다 어렵다는 대기업이나 공기업의 경쟁률은 이미 뉴스가 아닌 상식이 된 지 오래다. 설령 운 좋게 그 좁은 문을 통과해도, 그 안에서의 경쟁은 또 다른 전쟁터다. 결국, 우리가 생각하는 '평범한 직장인'이라는 존재 자체가 이미 평범함의 범주를 벗어나 있다.

미디어가 만든 '평범함의 인플레이션'

그렇다면 우리의 눈높이가 이토록 현실과 동떨어지게 치솟은 것일까? 그 배경에는 우리 일상을 둘러싼 미디어와 SNS의 영향이 크다. 미디어가 우리에게 보여주는 '평범함의 인플레이션' 때문이다. TV 드라마 속에서는 평범한 회사원이라는 주인공이 퇴근 후에는 으레 멋진 레스토랑에서 데이트하고 주말이면 해외로 훌쩍 떠나는 모습이 아무렇지 않게 그려진다. 우리의 SNS 피드만 열어봐도, 주변 친구들이나 심지어 잘 알지도 못하는 일반인들까지 명품 가방을 '데일리룩'으로 걸치고, 그림 같은 풍경의 카페나 해외 휴양지에서의 여유를 '#일상'이라는 이름으로 경쟁하듯 전시하고 있지 않은가. 이처럼 의도적으로 선택되고 보기 좋게 편집된 이미지들이 우리의 시야를 쉴 새 없이 채우는 동안, 우리의 무의식은 '나도 이 정도는 누려야 평균은 가는 것'이라는 기대치로 어느새 평범함의 눈높이를 슬그머니 격상시켜 버린다. 결국, 우리가 매일 부딪히는 냉정한 현실과 미디어와 SNS가 만들어내는 '평범함의 착각' 사이에는 건널 수 없는 깊은 간극이 존재하고, 우리는 그 간극 앞에서 속수무책으로 좌절감을 맛보게 되는 것이다.

평범함이라는 신기루를 넘어, 각자의 현실을 직시할 때

이처럼 부풀려진 '평범함'의 기준과 실제 현실 사이의 간극을 제대로 인지하지 못하거나 애써 외면한 채, 막연히 그 신기루를 좇는 것은 결국 자기기만으로 이어지기 쉽다. 그리고 이러한 자기기만은 종종 '나는 왜 남들처럼 살지 못할까?'라는 불필요한 자책감과 깊은 무력감을 낳는다. TV나 SNS에서 그럴듯하게 '평범한 행복'을 전시하는 소수의 사람들 - 그들이 실제 어떤 배경을 가졌든, 어떤 대가를 치르고 있든 상관없이 - 과 자신을 단순 비교하며 스스로를 괴롭히는 것만큼 소모적인 일도 없을 것이다.

그렇다면 이 냉혹한 현실 앞에서 우리는 무엇을 해야 할까? 그저 절망하고 포기하는 것이 답일까? 물론 아니다. 이 장에서 이 불편한 이야기를 꺼내는 이유는 좌절감을 주려는 것이 아니라, 우리가 발 딛고 선 현실을 있는 그대로 보게 하려는 것이다. '평범함'이라는 이름의 달콤한 환상, 그 부풀려진 신기루에서 깨어나야 비로소 각자의 진짜 게임을 시작할 수 있기 때문이다.

많은 이들이 바라는 그 '평범함'의 기준에라도 이르려면, 더 이상 기존의 방식이나 평범한 노력만으로는 충분하지 않다는 것을 인정해야 한다. 남다른 통찰로 기회를 발견하고, 때로는 기존의 통념에 도전하며, 누구도 생각지 못한 '파격적인' 전략으로 승부해야만 그것이 한낱 몽상으로 끝나지 않을 일말의 가능성이라도 생긴다.

물론, 사회가 설정한 '평범함'이라는 기준 자체를 재검토하고 각자의 가치관에 부합하는 새로운 성공과 행복의 정의를 내려, 누구도 가지 않은 길을 용기 있게 선택하는 것 또한 의미 있는 길이다. 하지만 그것이 현실로부터의 도피가 아닌 진정한 주체적 선택이 되려면, 먼저 이 냉혹한 현실의 게임에서 자신만의 경쟁력을 확보한 뒤에야 그 선택이 더욱 빛을 발할 수 있다. 시작은 '평범함이라는 신기루'의 허울을 벗겨내고, 그 냉정한 현실을 정면으로 마주하는 것이다. 우리가 막연히 꿈꿔왔던 그 '안정되고 여유로운 삶'이 그다지 쉽지 않다는 진실을 온전히 받아들이는 순간, 비로소 각자는 자신의 진짜 이야기를 써 내려갈 첫 장을 펼칠 준비가 된 것이다

제3장

도덕이라는 아름다운 굴레
누가 당신의 선량함을 이용하는가.

"착하게 살아야 한다."
"정직이 최선의 방책이다."
"남을 배려하고 양보해야 한다."

우리는 태어나면서부터 수많은 '해야 한다'와 '해서는 안 된다'의 가르침 속에서 성장한다. 마치 공기를 들이마시듯 자연스럽게 체득한 이 도덕률들은 우리가 세상을 살아가는 기본적인 행동 지침이자, 스스로를 괜찮은 사람이라고 여기게 만드는 중요한 기준이 된다. 곤경에 처한 사람을 보면 돕고 싶어 하고, 부당한 일을 보면 분노하며, 약속은 지켜야 한다고 믿는 그 마음. 그것이 바로 우리가 교육받고 내면화한 '선량함'의 증거일 것이다.

하지만 살아가면서 누구나 한 번쯤은, 이 '선량함' 때문에 때때로 씁쓸함을 느끼거나 심지어 손해를 보는 듯한 경험을 한 적이 있지 않은가? 정직하게 원칙을 지켰을 뿐인데 융통성 없는 사람으로 치부되거나, 남을 배려하다 자신의 기회를 놓쳐버리거나, 혹은 교묘하게 법망을 피해 이득을 챙기는 사람들을 보며 허탈감에 빠졌던 순간들 말이다. "착하게 살면 정말 복을 받을까? 오히려 이용당하기만 하는 건 아닐까?" 하는 회의감이 스멀스멀 피어오르는 것을 애써 외면하진 않았는가?

어쩌면 우리가 그토록 신성시하는 '도덕'이라는 가치가, 실제로는 보이지 않는 굴레가 되어 우리의 발목을 잡고 있는지도 모른다. 그리고 누군가는 그 굴레를 이용해 자신의 이익을 관철하고 있을지도 모른다. 이제 그 '착한 사람'이라는 가면 뒤에 숨겨진 냉정한 진실을 들여다볼 시간이다.

사회가 속삭이는 '도덕'의 달콤한 이중주

물론 도덕이 사회에 기여하는 긍정적인 역할은 분명히 존재한다. 사회 구성원들이 지켜야 할 최소한의 약속으로서 질서를 유지하고, 공동선을 추구하며, 약자를 보호하는 순기능은 아무리 강조해도 지나치지 않다. 학교에서, 가정에서, 그리고 수많은 미디어를 통해 우리는 이러한 도덕의 중요성을 끊임없이 학습한다. '더불어 사는 사회', '정의로운 세상'과 같은 구호들은 듣기만 해도 가슴 따뜻해지는 이상적인 가치들이다.

하지만 동전의 양면처럼, 이 아름다운 도덕에는 우리가 미처 깨닫지 못하는 또 다른 얼굴이 숨겨져 있다. 역사적으로 '도덕'이라는 이름은 종종 특정 계층의 이익을 정당화하고, 기존의 권력 구조를 공고히 하는 수단으로 활용되어 왔다. 특정 행동이나 사상에 '비도덕적'이라는 낙인을 찍음으로써 비판적인 목소리를 잠재우고, 사회 구성원들을 순응적으로 만들기도 한다. 예를 들어, 국가적 위기 상황에서 '애국'이라는 도덕적 가치가 개인의 희생을 당연시하거나, 기업의 이윤 추구가 '사회 발전'이라는 이름으로 포장되어 근로자의 권리가 뒷전으로 밀리는 경우를 우리는 심심치 않게 목격한다.

더욱 본질적인 것은, 이것이 거대한 담론을 넘어 당신의 일상적인 관계 속에서도 작동한다는 점이다. 누군가는 '우정'이나 '의리'라는 도덕적 명분을 내세워 당신에게 무리한 부탁이나 희생을 강요하고, 당신이 그것을 거절했을 때 '의리 없는 사람'이라는 비난의 프레임을 씌워 당신의 양심을 공격한다.

이처럼 '도덕'은 때로는 지배 이데올로기를 강화하고 개인의 자율적인 판단을 흐리게 만드는 안개와 같은 역할을 한다. '모두를 위한 가치'라는 아름다운 포장지에 싸여 있지만, 그 속을 자세히 들여다보면, 이를 통해 암묵적인 이득을 취하거나 개인의 자발적 순응을 유도하려는 특정 집단의 이해관계가 교묘하게 투영되어 있는 경우가 적지 않은 것이다.

'양심'이라는 이름의 보이지 않는 감시 카메라

사회가 강요하는 도덕률이 효과적으로 작동하는 가장 큰 이유는 그것이 우리의 내면에 깊숙이 자리 잡아 '양심'이라는 이름의 자동 통제 시스템을 구축하기 때문이다. 우리는 누군가 지켜보지 않아도 스스로의 행동을 검열하고, 사회적 규범에서 벗어나는 생각이나 행동에 대해 죄책감이나 수치심을 느낀다. 이 '양심의 가책'이야말로 가장 강력하고 효율적인 통제 장치다.

어린 시절, 잘못을 저지르고 부모님께 거짓말을 한 뒤 밤새 뒤척였던 기억, 혹은 어려운 친구의 부탁을 거절하고 내내 마음이 불편했던 경험은 누구에게나 있을 것이다. 이러한 경험들은 우리에게 '양심에 따라 행동해야 한다'는 믿음을 강화시킨다. 문제는 이 선량한 양심이 때로 우리의 주체적인 욕망이나 권리를 억누르는 기제로 작용할 수 있다는 점이다.

이른바 '착한 아이 콤플렉스'에 시달리는 사람들은 타인의 기대에 부응하기 위해 자신의 감정이나 욕구를 희생하는 경우가 많다. 거절하지 못하고 부당한 요구를 들어주거나, 자신의 공을 남에게 돌리고도 제대로 항변하지 못한다. 그들은 '좋은 사람'으로 남고 싶다는 강박, 혹은 양심의 가책을 느끼고 싶지 않다는 생각 때문에 스스로를 소진시킨다. 이처럼 우리의 선량한 양심은, 그것을 은밀히 이용하려는 이들에게는 더없이 편리한 통로가 되어, 때로는 타인에게 부당하게 이용당하기 쉬운 약점이 되기도 하는 것이다.

교과서의 배신: 이상과 현실의 괴리

우리가 교과서에서 배운 도덕은 명쾌하고 이상적이다. 정직하면 신뢰를 얻고, 공정하면 갈등이 줄어들며, 타인을 배려하면 더불어 행복한 사회를 만들 수 있다고 가르친다. 하지만 교과서를 벗어나 실제 사회생활에 발을 디디는 순간, 우리는 이 아름다운 공식들이 생각처럼 간단하게 작동하지 않는다는 사실을 뼈저리게 깨닫게 된다.

정의롭게 행동하는 사람이 오히려 따돌림을 당하거나 불이익을 받고, 편법과 반칙을 일삼는 사람이 더 많은 이익을 챙기며 승승장구하는 모습을 볼 때, 우리는 혼란에 빠진다. 공정해야 할 경쟁의 규칙은 종종 강자의 논리에 의해 왜곡되고, 평등이라는 가치는 현실의 다양한 차별 앞에서 무력해지기도 한다. "이게 정말 맞는 세상인가?" 하는 질문과 함께, 우리가 믿어왔던 도덕적 가치에 대한 깊은 배신감을 느끼는 것이다.

특히 치열한 경쟁 사회를 살아가는 청년세대에게 이러한 괴리감은 더욱 크게 다가올 수 있다. 스펙 경쟁, 취업 전쟁, 그리고 직장 내 생존 경쟁 속에서 '나만 정직하게, 착하게 살아서는 뒤처질 수밖에 없다'는 불안감과 냉소가 싹트기 쉽다.

그렇다면 우리는 도덕이라는 가치를 모두 버리고 냉소적인 현실주의자가 되어야 할까? 물론 아니다. 이 모든 이야기는 도덕 그 자체를 부정하려는 것이 아니라, 우리가 아무런 의심 없이 받아들였던 '주입된 도덕관념'의 허점을 직시하고, 그로부터 자유로워져야 한다는 것을 강조하기 위함이다.

중요한 것은 맹목적으로 사회가 제시하는 도덕률을 따르는 것이 아니라, 각자가 처한 상황과 맥락 속에서 비판적으로 사고하고 스스로 윤리적 판단을 내릴 수 있는 능력을 기르는 것이다. "좋은 사람이 되어야 한다"는 강박에서 벗어나, 자신의 가치와 신념에 기반한 '주체적인 도덕적 선택'을 할 수 있어야 한다.

여기서 경계해야 할 것은 이러한 주체적 판단이 단순한 이기주의나 자기합리화로 변질되는 것이다. 진정한 주체적 윤리관은 자신의 이익을 추구하되 타인에 대한 존중과 공동체에 대한 책임감을 함께 고려하는 지혜를 필요로 한다. 무조건적인 희생이나 순응이 아니라, 상황에 따라 때로는 '아니오'라고 말할 수 있는 용기, 그리고 그 선택에 대한 책임을 질 줄 아는 자세가 바로 그것이다.

아름다운 굴레를 벗고, 진정한 '나'로 우뚝 서기 위하여

'선량함'이라는 이름의 아름다운 굴레는 때로 우리를 안전하게 보호하는 울타리가 되기도 하지만, 동시에 우리의 자유로운 사고와 행동을 제약하는 보이지 않는 감옥이 될 수도 있다. 이제 그 굴레의 정체를 깨달았다면, 그것을 벗어낼 용기를 가져야 한다.

사회나 타인이 강요하는 기준에 맹목적으로 자신을 맞추는 것은,

결국 우리가 벗어나고자 하는 이 거대한 착각의 시스템, 즉 '매트릭스'의 보이지 않는 규칙에 순응하는 또 다른 방식일 뿐이다. 진정으로 자신을 위한 선택을 해나가는 것, 즉 스스로의 판단과 책임 하에 행동하는 '주체적 윤리관'을 따르는 것만이, 도덕이라는 이름의 교묘한 통제에서 벗어나 '매트릭스 탈출 버튼'을 누를 수 있는 진정한 힘을 우리에게 제공한다. 이렇게 자신의 삶의 온전한 주인이 될 때, 비로소 우리는 세상이 설계한 게임의 수동적인 말이 아니라, 우리 자신만의 게임을 창조하고 승리하는 플레이어로 거듭날 수 있는 것이다.

다음 장에서는 또 다른 강력한 환상, 바로 '결혼을 통한 인생 역전'이라는 신데렐라 스토리의 허점을 파헤쳐보려 한다.

제4장

신데렐라 판타지의 배신
동화적 환상과 현실의 냉혹한 계약

"그래서 그들은 오래오래 행복하게 살았답니다."

어릴 적 우리가 잠들기 전 머리맡에서 듣던 수많은 동화의 마지막은 대부분 이렇게 끝을 맺는다. 유리구두 한 짝으로 인생 역전에 성공한 신데렐라, 험난한 시련 끝에 왕자와 결혼하여 공주가 된 수많은 아름다운 여주인공들. 그들의 이야기는 우리에게 '결혼 = 해피엔딩'이라는 달콤한 공식을 무의식 깊숙이 새겨 놓았다. 화려한 드레스, 멋진 왕자님, 그리고 모든 걱정이 사라진 궁궐에서의 행복한 삶. 그것은 한때 모든 소녀가 한 번쯤 꿈꿔봤을 법한 낭만적인 판타지였을 것이다.

하지만 스무 살을 훌쩍 넘기고, 세상의 여러 얼굴을 마주하게 된 지금, 우리는 문득 그 동화의 마지막 페이지 뒤에 숨겨진 이야기가 궁금해진다. 과연 신데렐라는 매일같이 반복되는 궁궐의 격식 있는 생활에 정말 만족했을까? 왕자와의 불같은 사랑은 현실적인 부부의 일상 앞에서도 변치 않았을까? 재투성이 시절의 친구들과는 여전히 자유롭게 만날 수 있었을까? 어쩌면 동화가 우리에게 보여주지 않은 '그 이후'의 이야기에야말로, 우리가 직시해야 할 현실의 그림자가 드리워져 있는 것은 아닐까.

현대판 유리구두를 기다리는 사람들

'신데렐라 콤플렉스'라는 용어가 있다. 미국의 여성 작가 콜레트 다울링이 처음 사용한 이 말은, 여성이 자신의 능력으로 자립하기보다는 백마 탄 왕자님 같은 남성에게 의존하여 삶의 모든 문제를 해결하고 행복해지기를 바라는 심리적 의존 상태를 일컫는다. 이것은 단순히 과거 동화 속 이야기에 국한되지 않는다. 놀랍게도 21세기를 살아가는 오늘날까지, 많은 이들(특히 여성들)의 무의식 속에 이 신데렐라의 그림자는 짙게 드리워져 있다.

TV 드라마 속 평범한 여주인공이 재벌 2세 남자 주인공을 만나 인생이 바뀌는 이야기는 여전히 최고의 시청률을 보장하는 흥행 공식이다. 소셜미디어에는 화려한 결혼 생활을 과시하는 인플루언서들의 사진이 넘쳐나고, 우리는 '능력 있는 남편을 만나 팔자 고쳤다'는 식의 이야기를 심심치 않게 접한다. 이러한 미디어 환경은 은연중에 '결혼을 통한 인생 역전'이라는 환상을 끊임없이 재생산하고 강화한다.

더욱이 불안정한 경제 상황, 치열한 취업 경쟁, 그리고 불투명한 미래에 대한 압박감은 청년세대가 이러한 환상에 더욱 쉽게 빠져들게 만드는 토양이 된다. 자신의 힘만으로는 이 험난한 세상을 헤쳐 나가기 버겁다고 느낄 때, 모든 것을 해결해 줄 것 같은 '왕자님'의 등장은 거부하기 힘든 유혹처럼 느껴질 수 있다. 하지만 그 유리구두에는 우리가 미처 생각하지 못한 날카로운 대가가 숨겨져 있을지도 모른다.

화려함 뒤에 숨겨진 차가운 계약서

동화는 신데렐라가 왕자와 결혼한 후의 행복한 모습만을 보여줄 뿐, 그 행복을 유지하기 위해 치러야 할 현실적인 대가에 대해서는 침묵한다. 하지만 동화의 마지막 장은 현실이라는 드라마의 첫 장에 불과하다.

가장 먼저, '왕자'로 대변되는 성공한 남성과의 결혼에는 눈에 보이지 않는 수많은 조건들이 따라붙기 마련이다. 그의 사회적 지위에 걸맞은 품위 유지, 복잡하게 얽힌 시댁과의 관계, 사생활의 제약, 그리고 때로는 그의 성공을 위한 '내조'라는 이름의 역할 강요까지. 신데렐라가 감당해야 할 무게는 결코 가볍지 않았을 것이다.

경제적인 안정이라는 달콤함 뒤에는 '종속'이라는 그림자가 따라올 수도 있다. 능력 있는 파트너에게 전적으로 의존하게 될 경우, 경제적 자율성을 잃는 것은 물론 관계의 주도권마저 넘겨주게 될 가능성이 크다. "내가 먹여 살리는데 이 정도는 해줘야지"라는 암묵적인 요구 앞에서, 혹은 관계가 틀어졌을 때 아무런 목소리를 내지 못하는 자신을 발견하게 될지도 모른다.

더욱 안타까운 것은, 자신의 꿈이나 커리어를 포기하고 파트너의 성공을 돕는 역할에만 머무르면서 개인의 성장이 정체될 위험이다. 한때 빛나던 자신의 잠재력은 '누군가의 아내', '누군가의 며느리'라는 이름 뒤에 가려지고, 어느덧 타인의 삶에 기생하는 존재로 전락해버릴 수도 있다. 물론 왕자에게도 다른 종류의 책임이 따르겠지만, 결국 동화적 환상 이면에는, 양측 모두에게 보이지 않는 조건이 얽힌 냉정한 계약이라는 현실이 존재하는 것이다.

동화는 말해주지 않는 것들

신데렐라 이야기는 철저히 신분 상승과 외적인 조건 변화에만 초점을 맞춘다. 재투성이 아가씨가 왕비가 되는 극적인 반전은 흥미롭지만, 정작 두 사람이 인간적으로 얼마나 잘 맞고 서로를 깊이 이해하는지에 대해서는 아무런 정보도 제공하지 않는다.

하지만 현실의 결혼은 파티장에서의 짧은 만남이나 유리구두 한 짝으로 완성되지 않는다. 서로 다른 환경에서 수십 년을 살아온 두 사람이 하나의 삶을 공유하는 과정에서는 필연적으로 성격 차이, 가치관의 충돌, 그리고 생활 방식의 불일치와 같은 문제들이 발생하기 마련이다. 아침형 인간과 저녁형 인간, 꼼꼼한 계획형과 즉흥적인 자유형, 혹은 돈에 대한 가치관이나 자녀 양육 방식의 차이 등. 이러한 현실적인 문제들은 왕자와 신데렐라라고 해서 피해갈 수 있는 것이 아니다.

단순히 상대방의 경제력이나 사회적 지위와 같은 '조건'만을 보고 선택한 결혼은 머지않아 공허함과 후회로 이어질 가능성이 높다.

동화의 마지막 페이지, 현실의 첫 장

이 모든 이야기가 결혼 자체를 부정하거나 폄훼하려는 것은 결코 아니다. 다만, '결혼을 통한 인생 역전'이라는 신데렐라식 환상에서는 이제 벗어나야 한다는 것을 강조하고 싶을 뿐이다. 결혼은 인생의 모든 문제를 해결해주는 마법 지팡이가 아니며, 누군가에게 의존하여 행복을 얻으려는 수동적인 태도로는 결코 진정한 만족을 얻을 수 없다.

결혼을 '인생 역전의 수단'이 아닌, '인생의 여러 중요한 선택 중

하나'로 바라보는 시각의 전환이 필요하다. 중요한 것은 자신의 인생 목표에 맞는 파트너를 주체적으로 선택하고, 그와 함께 건강한 관계를 만들어나가는 것이다. 서로의 꿈을 지지하고, 각자의 개성을 존중하는 관계야말로 진정한 해피엔딩의 모습이 아닐까.

그리고 청년세대가 꿈꿀 수 있는 '해피엔딩'은 반드시 전통적인 결혼의 형태만을 의미하지 않는다. 결혼을 선택하지 않더라도, 혹은 다양한 형태의 파트너십을 통해서도 얼마든지 충만하고 행복한 삶을 만들어갈 수 있다. 중요한 것은 세상이 정해놓은 행복의 틀에 자신을 억지로 끼워 맞추는 것이 아니라, 자신만의 행복의 기준을 세우고 그것을 향해 나아가는 용기다.

유리구두를 직접 만들어 신는 현대의 신데렐라들에게

더 이상 왕자를 기다리며 신데렐라 판타지에 기대는 것은, 결국 세상이 만들어 놓은 수동적인 행복의 각본, 즉 '매트릭스'의 달콤한 속삭임에 안주하는 것과 다름없다. 이러한 의존적인 환상에서 벗어나 자신의 능력과 가치를 키워 스스로 단단히 설 수 있도록 성장하는 것이야말로, 외부 조건에 흔들리지 않는 '진정한 행복'의 토대를 스스로 마련하고, 타인이 설계한 삶이 아닌 자신만의 서사를 써내려가는 '매트릭스 탈출'의 핵심적인 첫걸음이다. 그래야만 설령 동화 속 '왕자'로 상징되는 특별한 인연이나 기회를 맞이하더라도 그

관계에 일방적으로 종속되지 않고 자신의 삶을 주체적으로 이끌어 갈 힘을 갖출 수 있다.

나아가 누군가와 함께 삶을 꾸려가기로 선택한다면, 그 관계 역시 사회적 통념이나 외적 조건에 얽매인 '매트릭스'적 결합이 아니라, 어느 한쪽에 치우치거나 불균형한 모습 없이 서로의 성장을 지지하고 함께 더 큰 가능성을 만들어가는 진정한 파트너십이어야 한다. 이처럼 두 주체적인 개인이 동등하게 만나 서로의 잠재력을 함께 꽃피우도록 돕는 관계야말로, 의존이나 희생이 아닌 상호 존중 속에서 '진정한 행복'을 함께 일구어가는 길이며, 개인을 넘어 함께 '매트릭스'의 낡은 관습과 기대를 넘어서는 또 다른 방식의 해방일 것이다.

제5장

낡은 공식, 이제는 폐기하라
그들은 어떻게 판을 흔드는가

"성공하고 싶다."

이 한마디만큼 사람들의 마음을 뜨겁게 달구는 말이 또 있을까? 가슴 뛰는 목표를 이루고, 남들이 우러러보는 성취를 거머쥐며, 원하는 것을 제약 없이 누릴 수 있는 삶. 우리가 갈망하는 성공의 모습은 저마다 다를지라도, 그 뜨거운 열망의 본질은 크게 다르지 않을 것이다. 마치 그것들이 이 험난한 세상에서 살아남기 위한 최소한의 갑옷이자, 나아가 세상을 내 뜻대로 움직일 수 있는 강력한 무기라도 되는 것처럼 말이다.

그런데 과연 우리가 철석같이 믿고 있는 그 '성공 공식'이라는 것이 실제로 작동하고 있을까? 혹시 성공이라는 눈부신 가면 뒤에는, 우리가 애써 외면해왔거나 혹은 미처 깨닫지 못했던 냉혹한 역설이 숨겨져 있는 것은 아닐까? 이 책은 당신이 바로 그 성공의 민낯, 그리고 그것을 쟁취하기 위한 진짜 게임의 법칙을 마주 보도록 이끌 것이다.

'노력 + 도덕 + 근면 = 성공'이라는 낡은 공식의 폐기 선언

우리는 지겹도록 들어왔다. 성실하게 노력하고, 도덕적으로 살며, 그저 부지런히 일하면 언젠가는 반드시 그에 합당한 결과가 뒤따를 것이라고 말이다. 이 세 가지 덕목은 오랫동안 우리 사회를 지배해온 성공의 황금률이자, 개인의 나태함이나 불운을 정당화하는 편리한 변명거리이기도 했다.

하지만 눈을 떠 현실을 직시하라. 당신 주변에 이 낡은 공식을 신봉하며 평생을 바쳤지만, 여전히 원하는 삶의 문턱에서 좌절하는 사람들이 얼마나 많은가? 반면, 때로는 놀라울 정도로 영리하게, 때로는 기존의 규범은 아랑곳하지 않고 자신만의 방식으로 원하는 것을 모두 거머쥔 듯 보이는 사람들은 또 얼마나 많은가?

이제 인정해야 한다. '노력, 도덕, 근면'이라는 전통적인 성공 공식은 현대 사회에서, 특히 당신이 꿈꾸는 커다란 성취를 안겨주기에는 너무나 비효율적이고 순진한 주문에 불과하다. 그것은 오히려 당신의 예리한 판단력을 흐리고, 진짜 기회를 놓치게 만드는 족쇄가 될 수도 있다.

　세상이 불공평하다는 것은 더 이상 새로운 이야기가 아니다. 하지만 대부분의 사람들은 그 불공평함의 실체를 제대로 알지 못한 채, 혹은 알면서도 애써 외면한 채 그저 자신의 운을 탓하거나 노력이 부족했다고 자책한다.

　성공으로 가는 게임판은 처음부터 모두에게 평평하게 놓여있지 않다. 당신이 어떤 배경을 가졌는지, 어떤 교육을 받았는지, 그리고 어떤 네트워크를 활용할 수 있는지에 따라 게임의 난이도는 극명하게 달라진다. 누군가는 이미 잘 닦인 고속도로 위를 최신형 스포츠카로 질주하지만, 당신은 진흙탕길을 맨발로 달려야 할지도 모른다.

　중요한 것은 이러한 '기울어진 운동장'의 존재를 정확히 인지하고, 그것을 당신에게 유리하게 활용하거나, 혹은 그 불리함을 뛰어넘을 수 있는 비대칭적 전략을 수립하는 것이다. "성공은 개인의 능력과 노력만으로 결정된다"는 안일한 믿음과는 이제 결별해야 한다. 진짜 게임은 그 너머에 있다.

그들은 어떻게 게임의 판을 뒤흔드는가

　그렇다면 교과서적인 성공 공식이 힘을 잃은 이 현실에서, 어떤 이들은 기존의 틀에 얽매이지 않듯 자신만의 방식으로 정상을 향해 거침없이 질주하는 것일까? 그들은 우리가 배운 '착한 아이'의 규칙과는 전혀 다른 방식으로 게임의 판을 읽고, 때로는 판 자체를 뒤흔들어 버린다.

예를 들어, '룰 브레이커(Rule Breaker)'들을 보라. 그들은 기존 시장의 질서나 낡은 규제의 허점을 정확히 파고들어 단숨에 엄청난 부를 쌓아 올린다. 법의 회색지대를 영리하게 활용하거나, 아직 누구도 주목하지 않는 신생 산업을 선점하여 독점적인 지위를 구축한다. 세상이 '정의'와 '공정'을 논하는 동안, 그들은 '기회'와 '결과'에만 집중한다.

혹은 '네트워크의 연금술사(Network Alchemist)'들은 어떤가? 그들은 학력이나 경력이라는 전통적인 스펙보다는, 자신들이 구축한 강력하고 은밀한 인적 네트워크를 통해 정보를 독점하고 기회를 창출한다. 누구를 아느냐가 무엇을 아느냐보다 훨씬 중요할 수 있다는 사실을 그들은 너무나 잘 알고 있으며, 관계를 자신의 가장 강력한 무기로 활용한다.

물론, 가장 교활한 자들은 '진실의 설계자(The Alchemist of Desire)'들이다. 그들은 진실과 거짓의 경계를 무의미하게 만든다. 그들에게 중요한 것은 '무엇이 사실인가'가 아니라, '사람들이 무엇을 사실이라고 믿게 만들 것인가'이다. 그들은 교묘한 스토리텔링, 여론 조작, 그리고 상징의 활용을 통해 루머를 진실로 둔갑시키는 여론 형성의 대가들이다. 대중 심리를 이용하여, 보이지 않는 곳에서 현실의 판도를 자신에게 유리하게 만들어 버린다.

이들의 공통점은 무엇일까? 바로 기존의 규범이나 도덕적 잣대,

혹은 '이렇게 해야 한다'는 사회적 통념에 얽매이지 않는 유연하고도 냉철한 사고방식이다. 그들은 기회를 포착하는 동물적인 감각과 그것을 즉시 행동으로 옮기는 빠른 실행력을 가졌으며, 자신의 목표를 달성하기 위해 때로는 논란을 두려워하지 않는 대담함을 보인다. 가장 중요한 것은, 그들이 세상의 '보이는 규칙' 뒤에 숨겨진 '보이지 않는 진짜 게임의 룰'을 간파하고 그것을 철저히 자신에게 유리하게 활용한다는 점이다.

이제 당신의 이름으로 새로운 규칙을 써라

우리가 이들의 방식을 무조건적으로 모방하거나 찬양해야 한다는 의미는 결코 아니다. 그들의 성공 이면에는 분명 어두운 그림자나 감수해야 할 위험이 존재할 수 있다. 하지만 중요한 것은, 그들이 기존의 틀에 갇히지 않고 자신만의 방식으로 성공의 방정식을 새롭게 써 내려갔다는 사실이다. 당신은 이들의 이야기에서 무엇을 읽어낼 것인가? 그들의 탐욕과 무모함인가, 아니면 시스템의 허점을 꿰뚫는 통찰력과 승부사적 기질인가? 혹은 이 모든 것을 관통하는 '승자만이 모든 것을 가진다'라는 냉혹한 현실의 단면인가?

이 책에서 말하는 성공은 단순한 자기 위안이나 소박한 안정이 아니다. 그것은 당신이 원하는 것을 거침없이 쟁취하고, 당신의 의지대로 세상을 움직일 수 있는 '실질적인 힘'을 갖는 것이다. 그리고 그 힘의 단단한 기반은, 당신이 현실에서 이뤄내는 '커다란 성취'로부터 나온다.

이제 선택의 시간이다. 세상이 강요하는 낡고 비효율적인 성공 공식의 가면을 계속 쓰고 있을 것인가, 아니면 그것을 과감히 벗어던지고 단순히 기존 성공자들이 따랐던 '보이지 않는 룰'을 모방하는 것을 넘어, 당신의 고유한 가치와 목표, 그리고 이 현실 세계에 대한 냉철한 통찰을 바탕으로 하여 진정 '당신만의 이름으로 된' 새롭고 강력한 승리의 공식을 주체적으로 설계하고 창조할 것인가?

가치를 지배할 것인가, 가치에 지배당할 것인가

노력, 도덕, 근면이라는 가치를 버리라는 말이 아니다. 다만 그것들을 맹목적으로 추종하는 순진함에서 벗어나, 당신의 야망을 실현하기 위한 '전략적인 도구'로 활용하는 지혜를 가져야 한다는 것이다. 때로는 불필요한 도덕적 잣대가 당신의 발목을 잡지 않도록 상황을 재해석하거나 유연하게 경계를 넘나드는 판단이 필요할 수도 있다. 중요한 것은 도덕이라는 규범 자체에 맹목적으로 구속당하는 것이 아니라, 그것을 당신의 거대한 목표를 이루기 위한 여러 선택 가능한 카드 중 하나로 인식하고, 그 사용 여부와 방식을 철저히 당신의 주체적인 판단하에 결정하는 냉철함이다. 때로는 기존의 틀을 과감히 넘어서고, 남들이 가지 않는 길을 개척하며, 세상의 허점을 날카롭게 파고드는 '플레이어'가 되어야 한다.

 진정한 성공은 과정에서의 아름다운 땀방울만으로 포장되지 않는다. 그것은 당신이 원하는 결과를 확실하게 손에 넣고, 그것을 통해 누구도 부정할 수 없는 현실적인 힘과 완전한 자유를 얻는 것이다.

 다음 장에서는 우리를 끊임없이 현혹하는 또 다른 가면, 바로 미디어와 자기계발서가 퍼뜨리는 달콤한 '성공스토리'의 허와 실을 낱낱이 해부해볼 것이다.

제6장

성공스토리, 믿고 따르면 성공하나요
'성공 포르노' 해독법

　서점가에는 부와 성공을 약속하는 자기계발서가 연일 베스트셀러 목록을 장식하고 유튜브와 소셜미디어는 눈부신 성공을 거둔 인플루언서들의 이야기로 가득 차 있다. 하룻밤 사이에 백만장자가 된 사람부터 평범함을 넘어 비범한 성취를 이룬 영웅, 그리고 역경을 딛고 일어선 불굴의 아이콘들까지 그들의 이야기는 마치 한 편의 잘 만들어진 영화처럼 극적이고 매혹적이다.

　특히 불안정한 미래와 치열한 경쟁 속에서 희망을 찾고 싶은 청년세대에게 이러한 성공스토리는 거부하기 힘든 유혹으로 다가온다. "나도 저 사람처럼 될 수 있지 않을까?", "그가 알려주는 성공의 비밀을 따르면 내 인생도 바뀔 수 있을 거야!" 하는 막연한 기대감은 쉽게 그들의 팬으로 혹은 열렬한 추종자로 만든다. 하지만 그

반짝이는 이야기들 뒤에는 우리가 미처 보지 못한 혹은 그들이 의도적으로 감춘 그림자가 드리워져 있을지도 모른다. 과연 그들의 성공 비법이라는 것은 누구에게나 통하는 만능열쇠일까?

현실 도피와 대리만족의 위험한 줄타기

언젠가부터 우리 사회에는 '성공 포르노'라는 자조 섞인 용어가 등장했다. 이는 마치 포르노그래피처럼 극도로 자극적이고 비현실적인 성공담을 소비하며 순간적인 쾌감이나 대리만족을 얻지만 정작 자신의 실제 삶을 변화시키는 행동으로는 이어지지 않는 현상을 꼬집는 말이다.

수십억의 자산가나 최연소 CEO 그리고 월 수입 1억의 파이어족. 그들의 이야기는 분명 짜릿하다. 마치 내가 그 주인공이 된 것처럼 가슴이 뛰고 당장이라도 내 삶에 엄청난 변화가 일어날 것 같은 착각에 빠진다. 하지만 책을 덮고, 영상을 끄고 나면 현실은 조금도 달라져 있지 않다. 여전히 해결되지 않은 문제들과 막막한 미래만이 덩그러니 남아 있을 뿐이다.

이러한 '성공 포르노'는 우리의 비판적 사고를 마비시키고 현실의 복잡한 문제를 단순화하며 결국에는 행동하지 않는 자기합리화의 수단으로 전락할 위험이 크다. 순간의 위안은 달콤하지만 그것은 현실 도피의 또 다른 이름일 뿐 진정한 변화를 가져다주지는 못한다. 어쩌면 우리는 그들의 성공스토리를 소비하는 것이 아니라 그들의 성공스토리가 우리를 소비하도록 내버려 두고 있는지도 모른다.

더 큰 문제는 이러한 '성공 포르노'가 가진 강한 중독성에 있다. 자극적인 이야기에 반복적으로 노출될수록, 현실에서의 평범하고 꾸준한 노력은 더욱 하찮고 무의미하게 느껴지며, 미디어 속 그들과 자신을 끊임없이 비교하는 과정에서 스스로에 대한 자존감은 속절없이 갉아 먹히고 깊은 불행감만이 심화된다. 결국, 현실의 문제를 정면으로 마주하고 해결하려는 의지마저 서서히 약화시켜, 우리는 점점 더 수동적이고 무력한 존재로 전락하게 되는 것이다. 그야말로 아주 달콤한 독처럼, 그것은 서서히 우리의 삶 자체를 잠식해 들어간다.

포장되고 각색된 성공담의 이면

우리가 열광하는 성공스토리의 대부분은 '생존자 편향'의 완벽한 결정체다. 수많은 실패와 좌절의 경험은 철저히 걸러지고 오직 극소수의 성공 사례만이 화려하게 조명된다. 그리고 그 성공 사례조차도 대부분의 경우 있는 그대로의 날것이 아니라 철저히 '편집되고 각색된' 결과물일 가능성이 높다.

성공한 사람들은 자신의 이미지를 관리하고 자신의 성공을 더욱

극적으로 보이게 하기 위해 때로는 불편한 진실을 숨기거나 사소한 계기를 운명적인 사건처럼 포장하기도 한다. 그들이 겪었을지 모를 수많은 실패의 과정과 결정적인 순간에 작용했던 'X인자'의 영향 혹은 도덕적으로 논란이 될 만한 선택들은 이야기 속에서 정교하게 축소되거나 아름다운 스토리텔링으로 미화된다.

결국 우리가 보는 것은 '전체 그림'이 아니라 주인공을 가장 돋보이게 하기 위해 잘 선택된 '하이라이트 필름'일 뿐이다. 그들이 차마 말하지 않는 혹은 의도적으로 감추는 성공의 진짜 이면에는, 우리가 앞서 5장에서 살펴본 '판을 흔드는 이들'이 활용했을 법한, 혹은 그보다 더 대담한 방식의 '거래'나 기존의 도덕적 경계를 넘나드는 '검은 속임수'가 존재할 수도 있다는 사실을, 그래서 그들의 눈부신 성공이 때로는 우리가 배운 '착한' 방식만으로 이루어지지 않았을 가능성을 우리는 결코 잊어서는 안 된다

맹목적 추종의 함정과 변수의 실종

성공스토리가 가진 또 다른 위험성은 그것이 마치 '누구나 따라 하면 성공할 수 있는 만능 공식'처럼 여겨진다는 점이다. "그가 아침 6시에 일어났으니 나도 그래야 한다", "그가 이 책을 읽고 성공했으니 나도 읽어야 한다", "그가 이런 방식으로 투자했으니 나도 똑같이 해야 한다."

하지만 각자의 재능, 성격, 환경, 그리고 시대적 배경은 모두 다르다. A에게는 최고의 전략이었던 것이 B에게는 최악의 선택이 될 수 있다. 특정 분야에서 성공한 사람의 방법론이나 조언을 자신의 상황과 맥락에 대한 깊은 고민 없이 무작정 모방하는 것은, 마치 내 발에 맞지도 않는 남의 신발을 억지로 구겨 신고 마라톤을 뛰려는 것과 같다. 결과는 불 보듯 뻔하다.

더욱이 천편일률적인 성공 공식을 맹목적으로 따르는 것은 개인의 독창성과 주체적인 문제 해결 능력을 심각하게 저해할 수 있다. 세상은 끊임없이 변하고 어제의 성공 공식이 오늘은 더 이상 유효하지 않을 수 있다. 중요한 것은 누군가의 성공을 똑같이 복제하는 것이 아니라 그들의 이야기 속에서 영감을 얻되 결국에는 자신만의 해법을 찾아 나서는 것이다.

성공스토리 '제대로' 읽기

그렇다면 우리는 이 넘쳐나는 성공스토리들을 어떻게 받아들여야 할까? 무조건 배척하고 귀를 닫는 것만이 능사는 아닐 것이다. 중요한 것은 그것들을 맹목적으로 신봉하는 대신 현명하게 '해독'하고 자신에게 맞게 '활용'하는 지혜를 갖는 것이다.

첫째, 끊임없이 질문을 던져라. "이 성공스토리에서 과장되거나 생략된 부분은 없을까?", "이 성공의 진짜 핵심 동인은 무엇일까?", "이 사람의 방식이 지금의 나에게도 현실적으로 적용 가능할까?" 비판적인 질문은 맹목적인 수용을 막는 가장 강력한 방어막이다.

둘째, 화려한 포장지 너머의 '이면'을 읽으려 노력하라. 성공한 사람의 빛나는 모습 뒤에는 우리가 알지 못하는 수많은 땀과 눈물, 실패의 경험, 그리고 때로는 아슬아슬하게 경계를 넘나드는 '이면의 기술'들이 숨겨져 있을 가능성이 높다. 그 이면을 상상하고 이해하려는 노력은 성공스토리를 훨씬 더 입체적이고 현실적으로 받아들이는 데 도움을 준다.

셋째, 자신에게 필요한 부분만 선별적으로 수용하고, 나머지는 과감히 버려라. 모든 성공스토리가 당신에게 유용한 것은 아니다. 당신의 가치관, 목표, 그리고 현재 상황에 맞는 부분만을 취사선택하고 나머지는 미련 없이 흘러보내는 용기가 필요하다.

궁극적으로, 모든 성공스토리는 당신의 길을 비춰주는 수많은 등대 중 하나일 뿐 결코 당신이 가야 할 길 자체를 결정해주지는 못한다. 그것들은 참고자료이자 영감의 원천일 뿐, 결국 당신만의 성공 방정식을 스스로 만들어가는 것, 그것이야말로 세상이 만들어 놓은 획일적인 성공의 틀, 즉 '매트릭스'로부터 벗어나 당신 고유의 기준과 방식으로 삶을 주도하고 진정한 의미의 '탈출'을 이루는 핵심적인 과정이기 때문이다.

일상의 무게가 버겁고 내일이 막막하게만 느껴질 때 사람들은 종종 거창한 희망보다는 손에 잡히는 소박한 안정감에서 답을 구하려

한다. 바로 이때 마치 지친 영혼을 위한 안식처처럼 '소확행'이야말로 진정한 삶의 지혜라는 달콤한 속삭임이 우리 곁을 파고든다. 큰 꿈이나 야망은 오히려 우리를 고통스럽게 할 뿐이라면서 말이다. 다음 장에서는 이 '소확행'이라는 이름의 또 다른 가면 뒤에 숨겨진 진실을 파헤쳐보려 한다.

제7장

소확행이라는 달콤한 도피
당신의 거대한 욕망은 안녕하십니까

"오늘 저녁, 퇴근길에 사 온 수제 맥주 한 캔의 짜릿함."
"주말 오후, 햇살 좋은 카페에서 마시는 라떼 한 잔의 여유."
"새로 산 예쁜 다이어리에 정성껏 하루를 기록하는 작은 기쁨."

언제부턴가 우리 사회는 '소확행(소소하지만 확실한 행복)'이라는 단어에 주목하기 시작했다. 거창한 성공이나 원대한 꿈보다는, 일상 속에서 발견하는 작고 확실한 행복에 집중하자는 이 매력적인 이야기는 특히 청년세대의 마음을 움직였다. 각박한 현실, 치열한 경쟁, 그리고 불투명한 미래에 지친 그들에게 이러한 '소확행'은 마치 사막의 오아시스처럼 달콤한 위안과 현실적인 행복의 대안으로 여겨졌을 것이다.

물론, 일상의 작은 순간들에서 기쁨을 찾고 현재를 소중히 여기는 태도 자체를 부정할 이유는 없다. 그것은 분명 삶을 풍요롭게 만드는 하나의 방법일 수 있다. 하지만 만약, 이 달콤한 '소확행'이라는 이름의 속삭임이, 당신의 가슴 깊은 곳에 숨겨진 거대한 포부와 뜨거운 열망을 잠재우는 사회적 결과물이라면 어떨까? 혹시 당신은 '작은 행복'이라는 안온한 테두리 안에 스스로를 가두고, 진짜 원하는 '큰 그림'을 외면하고 있는 것은 아닐까?

자기 위안인가, 아니면 교묘한 통제인가

'소확행'이라는 트렌드가 왜 하필 지금, 우리 사회에 이토록 깊숙이 스며들었을까? 어쩌면 그 답은 이미 우리 주변의 현실 속에 명확하게 드러나 있는지도 모른다. 개인의 노력만으로는 넘기 힘든 구조적인 장벽이 견고하게 느껴지고, 경제 상황은 쉽게 나아지지 않고, 일자리는 더욱 불안정해지며, 여기에 부의 불평등은 그 간극을 넓혀가고 있다. 이러한 상황 속에서, 많은 이들에게 '성공'이라는 단어는 마치 손에 닿지 않는 밤하늘의 별처럼 아득하게만 느껴질 수밖에 없다.

이런 상황에서 '소확행'은 어쩌면 거대한 목표 성취가 어렵다는 것을 직감한 젊은 세대가 선택한 일종의 심리적 방어기제일 수 있다. "어차피 큰 것은 갖기 어렵다면, 작은 것이라도 확실하게 즐기며 살자"는 체념 섞인 자기위안 말이다. 당장의 작은 만족을 통해 현실의 고단함과 불안을 잠시 잊고, 어떻게든 현재를 살아내려는 노력일 수도 있다.

하지만 이러한 자기방어가 장기적으로 개인의 성장을 제한하고, 현실에 안주하게 만들며, 결국에는 더 큰 무력감으로 이어질 수 있다는 점을 우리는 경계해야 한다. 더 나아가, 이 '소확행'이라는 흐름이 사실은 불안정한 사회 시스템의 영향력은 아닌지 생각해 볼 필요가 있다.

누가 당신의 욕망을 가로막는가

행복은 소유 나누기 욕망(소유 / 욕망 = 행복)이라는 흥미로운 공식이 있다. 이는 개인이 가진 '소유'의 크기를 '욕망'의 크기로 나눈 값이 행복의 수준을 결정한다는 것이다. 과거 고도 성장기에는 '소유'를 늘리는 것이 비교적 가능했기에, 사람들은 더 많은 것을 갖기 위해 치열하게 경쟁했다. 하지만 지금처럼 '소유'의 문턱이 한없이 높아진 저성장 시대에는 어떨까?

이처럼 거창한 목표나 '더 많은 소유'가 현실적으로 어렵게 느껴진다면 사람들은 욕망을 줄여 행복을 찾을 수밖에 없다. 특히 젊은 세대들에게 '소확행'은 어쩌면 이처럼 거대한 욕망이 좌절되기 쉬운 세상에서 스스로를 보호하고 삶의 균형을 찾으려는 하나의 자연스러운 흐름일지도 모른다. 하지만 이러한 흐름이 과연 개인의 자발적인 선택만으로 이루어진 것일까? 아니면, 거대한 구조적 문제에 대한 개인의 불만과 변화의 열망을 다른 곳으로 돌리고, 현 체제의 안정적인 유지에 암묵적으로 기여하도록 유도하는, 보이지 않는 시스템의 교묘한 설계나 기득권의 은밀한 입김이 작용한 결과는 아닐까?

당신의 가슴을 뛰게 했던 거대한 포부, 세상을 바꾸고 싶었던 원대한 꿈은 지금 어디에 있는가? 혹시 너무 큰 것을 바라지 말라는 사회의 보이지 않는 압력에, 혹은 스스로 만들어낸 한계에 갇혀 당신의 진짜 욕망을 외면하고 있는 것은 아닌가? '소확행'이라는 이름으로 당신의 도전 의식과 성장의 가능성을 스스로 무디게 만들고 있는 것은 아닌지 되돌아봐야 한다.

작은 만족에 안주하는 '순응형 소비자'로의 전락

'소확행'의 삶은, 자칫 개인을 시스템에 순응하는 소비자, 혹은 예측 가능한 일상을 반복하는 구성원으로 머무르게 할 수 있다. 매일 반복되는 단조로운 일상과 만족스럽지 못한 현실에 대한 근본적인 문제 제기나 저항 대신, 퇴근 후 마시는 맥주 한 잔, 주말에 떠나는 짧은 여행, 혹은 새로 산 예쁜 물건과 같은 작은 보상에 만족하며 스스로를 위로하는 것이다.

이러한 '소확행'은 때로 일시적인 마취제와 같아서, 현실의 어려움과 불만을 잠시 잊게 해줄지는 모르지만, 결코 근본적인 해결책이 될 수는 없다. 오히려 더 큰 변화를 향한 열망을 잠재우며, 결국에는 시스템의 한 부분으로 안주하게 만들 가능성이 있다.

당신은 진정으로 행복을 '선택'하고 있는가, 아니면 욕망을 잠재워 현실 도피성 행복을 누리고 있는가, 당신 안의 도전 정신은 아직 살아있는가, 아니면 이미 길들여져 작은 보상에도 만족하는 순한 존재가 되어버렸는가?

'큰 욕망' 앞에서 주저하지 마라

단언컨대, 더 많은 것을 원하고, 더 높은 곳을 향하며, 세상에 의미 있는 변화를 만들고 싶어하는 당신의 '큰 욕망'은 매우 자연스럽고 소중한 감정이다. 그것이야말로 인간을 성장하게 만들고, 놀라운 문명을 건설하며, 불가능해 보이던 것을 현실로 만들어온 가장 강력한 동력이다.

물론 현실의 벽은 높다. 하지만 그것을 이유 삼아, 안주하거나 도전을 포기하는 순간, 성공의 기회는 멀어질 뿐이다. 중요한 것은 현실을 냉정하게 직시하되, 결코 그 현실에 좌절하지 않는 것이다. 당신의 가슴을 다시 뛰게 만드는 진짜 욕망은 무엇인가? 그것을 위해 당신은 지금 무엇을 준비하고, 어떤 도전을 계획하고 있는가?

소확행을 넘어, '대확행'을 직접 설계하고 쟁취하라

'소확행' 그 자체가 나쁘다는 것이 아니다. 그것은 분명 지친 일상에 작은 활력소가 되어줄 수 있다. 하지만 그것이 당신 인생의 최종 목적지나 유일한 행복의 형태로 여겨져서는 곤란하다. 작은 행복들을 에너지 삼아, 더 큰 목표와 포부를 향해 담대하게 나아가는 삶이야말로 이 책이 당신에게 제안하는 진짜 의미 있는 길이다.

이제 당신의 '큰 욕망'을 정면으로 마주하고, 그것을 실현하기 위한 구체적인 계획과 거침없는 행동에 나설 때다. 세상이 만들어 놓은 '소확행'이라는 안락한 테두리를 넘어, 당신 스스로 설계하고 쟁취하는 '대확행(크고 확실한 행복)'을 향해 나아가라.

지금까지 우리는 1부를 통해 세상이 우리에게 씌우는 다양한 가면들의 실체를 살펴보았다. '노력하면 성공한다'는 순진한 믿음, '도덕적으로 살아야 한다'는 아름다운 강박, '결혼하면 행복해진다'는 낭만적인 환상, '성공은 정해진 공식대로 이루어진다'는 안일한 착각, 그리고 욕망을 잠재우고 현실에 안주하게 만드는 '소확행'이라는 달콤한 위안까지. 이처럼 우리가 열광하는 '성공스토리'를 비롯한 많은 것들이 실은 교묘하게 포장된 가면일 수 있음을 확인하게 된 것이다.

하지만 이러한 가면들의 존재를 인식하는 것만으로는 충분하지 않다. 왜냐하면 진짜 게임은 그 가면 뒤에 숨겨진, 우리가 미처 알지 못했던 '불편한 진실의 게임'이 어떻게 작동하는지 정확히 파악하는 것에서부터 시작되기 때문이다.

가면을 벗어던질 준비는 이제 끝났다. 당신은 더 이상 세상이 만들어놓은 허상에 속지 않을 용기를 얻었다. 이제, 그 가면 뒤에서 벌어지는 진짜 게임의 냉혹한 규칙과 승리 전략을 알아낼 시간이다. 다음 2부에서는 세상이 어떻게 당신을 이용하고, 승자들은 무엇을 숨기는지 그 불편한 진실의 게임판으로 당신을 안내할 것이다.

Intermission

가장 익숙했던 세계가 무너져 내릴 때,
우리는 가장 깊은 상처를 입는다.

하지만 그 상처 위에서만,
비로소 당신의 진짜 세계가 싹틀 것이다.

2부

불편한 진실의 게임

승자들은 눈을 가리고 현실을 조종한다

제8장

샤넬은 어떻게 성공을 거래했나
욕망과 야망, 그 이면의 계약

코코 샤넬. 그 이름은 단순한 패션 브랜드를 넘어, 한 시대를 풍미하고 지금까지도 막강한 영향력을 행사하는 성공의 신화 그 자체다. 가브리엘이라는 초라한 본명을 버리고 스스로 쟁취한 이름 '코코'처럼, 그녀는 낡은 코르셋과 관습으로부터 여성을 해방시켰고, 패션이라는 산업을 통해 세상을 뒤흔들었다. 고아원에서 자란 무일푼의 소녀가 불멸의 제국을 건설한 그녀의 드라마틱한 이야기는 수많은 이들에게 성공에 대한 강렬한 열망을 심어준다. 사람들은 그녀를 '타고난 천재', 혹은 '불굴의 의지를 가진 여전사'로 포장하며, 그녀의 성공이 순전히 개인의 능력과 피땀 어린 노력의 결과라고 믿고 싶어 한다.

하지만 정말 그랬을까? 그녀의 눈부신 성공 뒤편, 화려한 조명이

닿지 않는 어두운 그림자 속에서 과연 어떤 일들이 벌어졌을까? 순수한 열정과 재능만으로는 결코 넘을 수 없는 현실의 거대한 벽 앞에서, 그녀는 자신의 야망을 실현하기 위해 무엇을, 그리고 누구와 '거래'했을까? 이제, 샤넬이라는 성공 신화의 가장 은밀하고 불편한 진실의 커튼을 걷어 올릴 시간이다. 이 이야기는 당신이 알고 있던 성공의 정의를 송두리째 뒤흔들지도 모른다.

샤넬 신화의 재구성: 능력과 야망, 그리고 '은밀한 계약'

샤넬의 전기를 조금만 깊이, 그리고 솔직하게 들여다보면, 그녀의 인생이 결정적인 전환점을 맞이할 때마다 어김없이 부유하고 영향력 있는 남성 후원자들이 등장했음을 알 수 있다. 젊은 시절, 그녀의 야망을 꿰뚫어 본 부유한 상속자 에티엔 발장은 그녀에게 상류 사회의 삶과 첫 사업의 발판을 제공했다. 그것은 단순한 호의였을까, 아니면 젊고 매력적인 샤넬과의 '특별한 관계'에 대한 대가였을까? 이후 그녀의 가장 유명한 연인이자 사업적 성공의 핵심 동반자였던 아서 '보이' 카펠. 그는 샤넬에게 막대한 자금 지원과 함께 사업적 통찰력을 불어넣었지만, 동시에 그 역시 유부남이었다. 그들의 열정적인 사랑 뒤에는, 샤넬의 성공을 위한 또 다른 형태의 '거래'가 숨겨져 있었던 것은 아닐까?

그녀는 그저 운명처럼 그들을 사랑했던 것일까? 아니면, 자신의 몸과 마음마저도 성공을 향한 가장 강력한 담보물로 삼았던 것일까? 혹은 그 둘 모두였을까? 샤넬의 천재성과 야망이 이러한 '결정적 만남들' - 때로는 침실 안에서의 은밀한 약속들을 포함한 - 을 통해 비로소 현실적인 성공으로 폭발할 수 있었다는 점은 부정할 수 없는 사실이다. 그녀의 성공은 결코 혼자만의 힘으로 이룩된 순결한 탑이 아니었다. 그것은 욕망과 야망, 그리고 냉정한 계산이 뒤섞인 '거래'의 결과물이었던 것이다.

'거래'의 본질: 무엇을 얻고, 무엇을 버릴 것인가

샤넬이 후원자들과의 관계, 혹은 그 이상의 '거래'를 통해 얻은 것은 명확하다. 사업 자금, 상류층 고객, 그리고 무엇보다 중요한 사회적 네트워크와 막강한 영향력. 그것들은 그녀가 꿈을 펼치고 자신의 제국을 건설하는 데 있어 없어서는 안 될 핵심 자원이었다. 야망을 가진 개인이 높은 현실의 벽을 넘어서기 위해, 이러한 '거래'는 때로는 가장 빠르고 효과적인, 심지어 유일한 선택지일 수 있다. 세상은 원래 냉정한 게임판이며, 그 안에서 이상적인 손만으로 승리하겠다는 것은 순진한 생각에 불과할지도 모른다.

하지만 모든 거래에는 대가가 따를 수 있다. 샤넬 역시 그 '거래'의 과정에서 한 여성으로서 감당해야 할 내면의 갈등을 겪었을 것이다. 제2차 세계대전 당시 나치 장교와의 부적절한 관계는 그녀의 명성에 치명적인 오점을 남겼고, 한때 조국 프랑스에서조차 외면당하는 결과를 초래했다. 이는 성공을 위한 '거래'가 때로는 예상치 못한 결과를 불러올 수 있음을 시사한다. 그러나 그녀는 결국 재기에 성공했고, 자신의 제국을 더욱 공고히 만들었다. 그녀에게 '선'이란 과연 무엇이었을까?

샤넬을 넘어, 현대판 '성공 거래'의 적나라한 풍경

샤넬의 이야기는 과거의 특별한 사례가 아니다. 오늘날 우리가 살아가는 첨단 산업의 시대에도, 성공의 이면에는 여전히 다양한 형태의 '거래'가 더욱 교묘하고 복잡하게 이루어지고 있다.

혁신적인 아이디어 하나로 세상을 바꾸겠다는 스타트업들은 투자 유치를 위해 자신의 모든 것을 걸 기세로 엔젤 투자자와 벤처 캐피털리스트들 앞에서 프레젠테이션을 한다. 그 '거래'의 결과는 달콤한 자금 지원일 수도 있지만, 동시에 회사의 경영권을 송두리째 넘겨야 하는 독소 조항일 수도 있다.

화려한 스포트라이트를 받는 예술계나 연예계는 또 어떤가? 재능만으로는 결코 넘을 수 없는 '보이지 않는 손'의 존재를 그들은 피부로 느낀다. 유력한 후원자나 거대 기획사의 눈에 들기 위한 경쟁은 치열하며, 그 과정에서 때로는 자신의 자존심이나 신념을 포기해야 할지도 모른다

정치나 경제계의 정상에서 벌어지는 '거래'는 더욱 거대한 이해관계가 얽혀 있다. 그곳에서는 국가의 정책이나 법률마저도 특정 개인이나 집단의 이익을 위한 거래의 대상이 되기도 한다. 이처럼 현대 사회에서 성공은 결코 순수한 능력이나 노력의 산물이 아니다. 그것은 종종 '누구와 어떤 조건으로 무엇을 거래할 수 있는가'에 의해 결정되는, 치열하고 때로는 비정한 게임의 결과일 뿐이다.

욕망과 야망의 검은 초상: '선'을 넘을 준비가 되었는가

성공을 향한 당신의 불타는 욕망과 야망은 결코 부끄러워할 것이 아니다. 그것은 당신을 움직이는 가장 강력한 에너지다. 하지만 그 야망을 현실로 만들어나가는 과정에서, 당신은 필연적으로 수많은 '거래'의 유혹과 시험에 직면하게 될 것이다.

그 거래의 대상은 당신의 시간, 노력, 돈뿐만이 아닐 수도 있다. 때로는 당신의 오랜 신념, 인간적인 양심, 혹은 사회가 그어놓은 도덕이라는 '선' 그 자체일 수도 있다. "당신의 성공을 위해서라면, 당신은 과연 그 '선'을 넘을 준비가 되어 있는가?" 이 질문 앞에서 당신은 어떤 답을 내릴 것인가?

이 '선'을 넘는다는 것은, 때로는 위험한 도박일 수 있지만, 동시에 기존의 규칙을 따르는 이들은 결코 손에 넣을 수 없는 성공의 지름길로 당신을 안내하는, 매혹적인 열쇠가 될 수도 있다. 어떤 이들은 이 선 앞에서 평생을 망설이지만, 또 어떤 이들은 그 선을 냉정하게 계산하고 단숨에 넘어가 아무도 예상치 못한 결과를 창조해낸다. 물론, 그 줄타기의 끝에서 마주할 모든 책임과 영광은 오롯이 당신의 몫이다.

이 책은 당신에게 착하게 살라고, 혹은 넘지 말아야 할 선을 지키라고 조언하지 않는다. 그런 위선적인 이야기는 이미 세상에 넘쳐난다. 이 책의 목적은 단 하나, 이 냉정한 게임판에서 어떻게 영리하게 살아남고, 당신이 원하는 것을 얻어낼 것인가에 대한 불편한 진실을 드러내는 것이다. 모든 선택에는 그에 따른 결과가 따를 수밖에 없다. 그 결과를 온전히 감당하고, 심지어 그것을 새로운 기회로 만들어내는 자만이 이 게임의 승자가 될 수 있다.

숨겨진 '거래의 기술'을 간파하고, 당신의 게임을 시작하라

샤넬의 삶, 그리고 우리가 목도하는 현대 사회의 수많은 성공 사례들은 명확하게 증명한다. 세상의 많은 성공 신화들은 결코 순수한 개인의 능력이나 숭고한 노력만으로 이루어진 아름다운 동화가 아니라는 것을. 그것들은 대부분 복잡하게 얽힌 이해관계, 치밀하게 계산된 전략, 그리고 때로는 세상이 그어놓은 선을 아슬아슬하게 넘나드는 '거래'의 산물이다.

이제 당신은 성공 신화라는 달콤한 포장지를 걷어내고, 그 안에 숨겨진 '거래의 기술'을 간파할 수 있는 예리한 시각을 가져야 한다. 그리고 그 기술을 어떻게 활용하여 최대의 이익을 얻어낼 것인지, 그리고 그 과정에서 발생하는 리스크를 어떻게 관리하거나 혹은 과감히 무시할 것인지는 주체적으로 판단해야 한다.

성공을 위한 거래에서 가장 중요하게 여겨지는 자원 중 하나는 바로 '사람'이다. 다음 장에서는 우리가 그토록 중요하게 생각하지만, 실상은 또 다른 신기루일 수 있는 '인맥'의 진짜 모습과 그것을 당신의 성공을 위한 가장 강력한 무기로 만드는 법에 대해 이야기 해보려 한다.

제9장

인맥이라는 가장 달콤한 신기루
모든 관계는 '가치 교환'이라는 코드 위에 있다

"인맥이 곧 재산이다."
"결국 성공은 사람이 하는 일이다."
"누구를 아느냐가 무엇을 아느냐보다 중요하다."

우리는 마치 주문처럼 이 말들을 되뇌며 살아간다. 각종 사교 모임에 얼굴을 내밀고, 명함을 주고받으며, SNS 친구 수를 늘리는 데 열중한다. 어떻게든 더 많은 사람을 알기 위해, 그리고 그들이 언젠가 나의 성공에 결정적인 도움을 줄 것이라는 막연한 기대감 속에서 말이다. 특히 아직 가진 것이 부족하다고 느끼는 청년세대에게 '인맥'은 마치 요술 방망이처럼, 단숨에 자신을 다른 세상으로 이끌어줄 비장의 무기처럼 여겨지기도 한다.

하지만 잠시 멈춰 서서 당신의 전화번호부나 명함첩을 한번 들여다보라. 그 속에 빼곡히 적힌 수백, 수천 개의 이름들 중에서, 당신이 정말 필요할 때 당신의 절박한 상황에 기꺼이 손을 내밀어 줄 사람이 과연 몇이나 될까? 혹시 당신이 그토록 공들여 쌓았다고 믿는 인맥이라는 것이 사실은 아무런 실체도 없는 신기루에 불과했던 것은 아닐까?

당신의 인맥은 '진짜'인가, '컬렉션'인가

우리는 종종 인맥의 '양'에 집착한다. 더 많은 사람을 알고 있다는 사실 자체에서 오는 심리적 안정감 혹은 남들에게 과시하기 위한 허영심 때문일지도 모른다. 하지만 아무리 많은 명함을 수집하고 아무리 많은 SNS 친구를 만들어도 그것이 곧 당신의 '힘'이 되지는 않는다.

한번 생각해보라. 당신이 정말 어려운 상황에 처했을 때 혹은 결정적인 기회를 잡아야 할 때 그 수많은 '아는 사람' 중 누구에게 망설임 없이 도움을 요청할 수 있는가? 그리고 그들 중 몇이나 당신의 요청에 진심으로 응답해줄 것이라고 확신하는가? 대부분의 경우 당신의 기대는 크게 어긋날 가능성이 높다. 당신은 그들의 전화번호를 알고 있지만, 그들은 당신의 존재조차 희미하게 기억하거나 혹은 당신의 연락을 부담스러워하며 외면할지도 모른다.

결국 당신의 명함첩은 그저 당신이 스쳐 지나간 사람들의 이름이 적힌 종이 묶음 혹은 당신의 불안감을 잠시 잊게 해주는 허울뿐인 컬렉션에 불과할 수 있다. 진짜 인맥은 숫자로 측정되지 않는다. 그것은 당신이 필요할 때 즉각적으로 작동하고 실질적인 결과를 만들어내는 힘이다.

세상은 공짜를 증오한다: 인맥의 '기브 앤 테이크' 법칙

왜 당신의 그 수많은 '아는 사람'들은 정작 필요할 때 당신을 돕지 않는 것일까? 이유는 간단하다. 어쩌면 그들에게 당신은 아직 '그만한 가치를 보여주지 못한 존재'이기 때문이다. 순수한 호의나 조건 없는 도움만으로 유지되는 인맥은 현실에서는 찾아보기 어려운 이야기다. 현실의 모든 인간관계, 특히 성공과 이익이 첨예하게 얽힌 비즈니스 세계에서의 인맥은 철저하게 '상호 가치 교환'이라는 냉정한 시장 원리에 의해 지배된다.

당신이 누군가에게 무언가를 원한다면 당신 역시 그에게 무언가를 제공할 수 있어야 한다. 그것이 정보든 돈이든 기회든 혹은 희소한 기술이나 영향력이든 상관없다. "네가 나에게 해줄 수 있는 것이 무엇인가?" 이것이 바로 인맥 시장에서 오고 가는 보이지 않는 질문의 핵심이다. 만약 당신이 아무것도 '줄 것'이 없다면 상대방 또한 당신에게 무언가를 내어줄 이유를 찾기 어렵다. 세상은 일방적인 관계를 오래 허용하지 않는다.

'상호 이익'이라는 현실적인 계산 없이는 어떤 인맥도 당신의 성공을 위한 발판이 되어주지 않는다. 오히려 당신의 시간과 에너지를 소모시키는 비효율적인 관계가 될 뿐이다.

당신은 인맥 시장에서 어떤 '상품'인가

인맥 시장에서 당신은 소비자이면서 동시에 '상품'이다. 상대방에게 제공할 '가치'가 없는 사람은 이 냉정한 시장에서 외면당하거나 때로는 이용당한 후 쉽게 잊힐 뿐이다. 마치 아무도 찾지 않는 가치 없는 물건처럼 말이다.

많은 사람들이 인맥을 '쌓는다'는 표현을 쓰지만 그것은 본질을 잘못 이해한 것이다. 당신이 먼저 상대방에게 매력적인 '교류 대상'이 되지 않는 한 아무리 많은 사람을 만나고 명함을 돌려도 그것은 그저 의미 없는 행동에 불과하다. 중요한 것은 당신 자신이 어떤 '가치'를 가지고 있는지를 냉정하게 평가하고 상대방이 필요로 하거나 탐낼 만한 독보적인 무언가를 갖추는 것이다. 그것이 뛰어난 능력이든 희소한 정보든 강력한 실행력이든 혹은 당신의 성공을 위한 '거래'의 대상이 될 수 있는 매력이나 야망, 그 어떤 것이라도 좋다.

인맥을 찾아 헤매기 전에 당신 자신이 먼저 '인맥이 되고 싶은 사람', 즉 다른 사람들이 먼저 다가와 관계를 맺고 싶어 하는 존재가 되어야 한다. 그것이 바로 이 냉정한 인맥 게임에서 살아남는 유일한 길이다.

'계산된 관계'만이 살아남는다

우리는 종종 미안함. 의리, 인정, 혹은 과거의 작은 인연과 같은 감성적인 이유 때문에 불필요하거나 심지어 해로운 관계를 정리하지 못하고 질질 끌려다니곤 한다. 하지만 성공하는 사람들의 인맥 관리에는 그런 순진한 감상주의는 통용되지 않는다. 그들은 철저히 '목표 지향적'으로 인맥을 관리하고 활용한다.

그들은 자신이 원하는 목표를 달성하는 데 필요한 사람이 누구인지 정확히 파악하고, 그에게 어떤 가치를 제공해야 그들의 마음을 움직일 수 있는지 치밀하게 계산한다. 그리고 일단 관계가 형성되면 그 관계를 통해 자신이 원하는 것을 확실하게 얻어낸다. 그 과정에서 감정적인 교류나 인간적인 유대감은 부차적인 고려사항일 뿐 관계의 핵심 목적이 되지는 않는다.

이것이 비인간적으로 보일 수도 있고, 심지어 불편하게 느껴질 수도 있다. 하지만 이것이 바로 '성공하는 소수'가 움직이는 방식이며 당신이 외면하고 싶었던 인맥의 진짜 얼굴이다. 물론, 이러한 철저한 계산이 어디까지 용인될 수 있는지, 그리고 모든 인간관계를 이해타산이라는 잣대만으로 재단할 때 우리가 무엇을 얻고 또 무엇을 잃게 될지에 대한 질문은 각자의 마음속에 남을 수밖에 없다. 감정에 휘둘리는 어설픈 관계는 당신의 발목을 잡는 짐이 될 뿐이다. 인맥을 위한 만남과 관계에는 분명한 목적과 냉철한 계산이 바탕이 되어야 한다. 그것이 바로 이 치열한 게임에서 당신을 승리로 이끄는 현실적인 전략이다.

'가치 교환의 네트워크'를 설계하라

이제 인맥에 대한 낡고 순진한 환상은 깨끗이 지워버려라. 당신의 전화번호부에 저장된 이름의 개수는 아무런 의미가 없다. 중요한 것은 당신이 상대방에게 어떤 '가치'를 제공할 수 있으며, 그 가치를 매개로 어떤 '교류'를 성사시킬 수 있느냐이다.

더 이상 수동적으로 '누구를 아느냐'에 목매거나 우연한 인연에 기대지 마라. 대신 '내가 어떤 독보적인 가치를 제공할 수 있는 사람인가'라는 근본적인 질문에 치열하게 집중하고, 당신 자신을 이 냉혹한 인맥 시장에서 다른 이들이 먼저 다가와 관계를 맺고 싶어 하는, 대체 불가능한 '교류의 중심축'으로 세워라. 이제 인맥이라는 신기루에서 깨어나라. 단순히 주어진 판에 수동적으로 참여하는 대신, 당신의 성공을 위한 견고하고 실질적인 '가치 교환의 네트워크'를 직접 설계해야 한다. 당신 자신이 바로 그 '교류의 중심축'이 되어, 마침내 이 게임의 판도를 바꾸는 진정한 '게임 체인저'가 되는 것. 그것이야말로 당신의 장대한 여정의 첫걸음이다.

이렇게 냉정한 인맥 시장에서, 애초에 가진 자원이나 배경이 없는 사람들은 어떻게 이 게임에 참여하고 살아남아야 할까? 세상은 정말 모두에게 평등한 기회의 운동장을 제공하는 것일까? 다음 장에서는 이 불편한 질문에 대한 답을 찾아 나서 보겠다.

제10장

현대판 카스트 시스템의 탄생
당신의 계급은 이미 정해져 있다

"개천에서 용 난다."

이는 오랫동안 우리 사회에 널리 통용되었던 믿음이었다. 찢어지게 가난한 환경에서도 불굴의 의지와 피나는 노력으로 역경을 극복하고 마침내 빛나는 성공을 거머쥔 영웅들의 이야기는, 마치 사막의 오아시스처럼 팍팍한 현실에 지친 사람들에게 희망과 위안을 주었다. '나도 노력하면 저렇게 될 수 있다'는 믿음은 계층 상승에 대한 희망을 주었고, 많은 사람들이 그 신화를 현실로 만들기 위해 밤낮없이 자신을 채찍질했다.

하지만 현재 대한민국, 과연 지금도 개천에서 용이 힘차게 승천하는 모습을 볼 수 있을까? 아니면 이미 그 개천은 메마르거나, 용이

날아오를 하늘길 자체가 보이지 않는 천장으로 막혀버린 것은 아닐까? 안타깝게도, 우리가 마주한 현실은 후자에 훨씬 더 가깝다. '개천 용' 이야기는 이제 빛바랜 신화가 되었고, 그 자리에는 '현대판 카스트 시스템'이라는 냉정한 현실이 드리워져 있다.

과거 고도 성장기에는 개인의 노력과 능력만으로도 어느 정도 계층 상승이 가능했다. 파이가 커지는 시대였기에, 노력한 만큼의 몫을 기대할 수 있었고, 교육은 그 중요한 통로 역할을 했다. 하지만 저성장 시대에 접어들고 부의 양극화가 심화된 지금, 계층 이동의 문은 그 어느 때보다 좁아지고 견고해졌다.

각종 통계와 연구 결과들은 이러한 현실을 분명하게 보여준다. 부모의 소득과 자산이 자녀의 학력과 소득 수준에 상당한 영향을 미치고, 소위 '흙수저'는 아무리 애를 써도 '금수저'와의 격차를 줄이기 어려운 구조가 고착화되고 있다. 한번 정해진 계층적 위치가 개인의 삶 전반에 영향을 미치고, 다음 세대에게까지 이어지는 경향이 나타나고 있는 것이다. 과거의 희망적인 이야기는 점차 힘을 잃고, 보이지 않는 계급의 경계만이 더욱 선명해지는 듯하다.

부는 어떻게 피를 따라 흐르는가

자본주의 사회에서 돈은 스스로 증식하는 속성을 지닌다. 그리고 그 증식의 속도는 개인이 보유한 자본의 크기와 무관하지 않다. 이미 상당한 자산을 가진 이들은 부동산, 주식, 펀드 등 다양한 투자 포트폴리오를 통해 안정적으로 자산을 늘려 나간다. 그들에게는 전문적인 금융 컨설팅이 제공되기도 하며, 합법적인 절세 방안을 통해 자산 손실을 최소화하기도 한다.

그들이 그렇게 자산을 관리하고 증식하는 동안, 평범한 청년세대는 월급에서 생활비를 제외하고 나면, 저축조차 하기 어려운 현실에 직면한다. 상속과 증여를 통해 부모 세대의 경제적 기반은 자녀 세대에게 상당 부분 이전되고, 출발선 자체가 다른 경쟁은 계속해서 반복된다. 그들이 자산을 늘리는 속도를, 개인의 노력만으로는 따라잡기 어렵다는 현실을 이제는 인정할 필요가 있다. 이것이 바로 현대 사회에서 나타나는 세습 자본의 한 단면이다.

교육이라는 또 다른 계급 재생산 시스템

한때 교육은 어려운 환경의 자녀에게 유일한 희망이자 계층 이동의 중요한 발판이었다. 하지만 오늘날 대한민국의 교육 시스템은 안타깝게도 그 긍정적 기능을 다하지 못하고, 오히려 기존 계층을 유지하거나 강화하는 역할을 하기도 한다는 비판에 직면해 있다.

부모의 경제력과 자녀의 학업 성취도 사이에 존재하는 불편한 상관관계는 더 이상 숨겨진 이야기가 아니다. 고액의 사교육, 맞춤형 입시 컨설팅, 해외 유학 경험, 그리고 다양한 스펙 관리 등은 상당한 경제적 투자가 필요한 영역이 되었다. 정보 접근성의 격차 또한 무시할 수 없는 불평등 요소로 작용하며, 소위 '그들만의 리그'는 더욱 공고해지는 경향을 보인다.

'좋은 대학에 가야 좋은 직장을 얻고 성공한다'는 인식은 여전히 우리 사회에 남아 있지만, 이제 그 공식에 접근할 수 있는 기회조차도 처음부터 평등하지 않게 주어지고 있는 것이다. 교육이 모두에게 열린 기회가 되기보다는, 때로는 또 다른 형태의 세습 자산처럼 여겨지거나 계층을 구분 짓는 기준이 되어가고 있다.

보이지 않는 네트워크, 그들만의 특권

제9장에서 우리는 인맥의 냉정한 본질을 이야기했다. 그렇다면 이 '인맥'이라는 사회적 자본은 과연 어떻게 형성되고 다음 세대로 이어지는 것일까? 안타깝게도, 이 역시 이미 많은 것을 가진 이들에게 유리하게 작용하는 경우가 많다.

부모 세대가 쌓아 올린 사회적 지위와 인적 네트워크는 자녀 세대에게 중요한 자산으로 이어지곤 한다. 그들은 우리가 평생을 노력해도 만나기 어려울 수 있는 사람들과 어린 시절부터 자연스럽게 교류하며, 일반인들은 쉽게 접근하기 어려운 고급 정보나 기회를 상대적으로 용이하게 얻는다. 취업, 사업, 혹은 여러 문제 해결 과정에서 보이지 않게 작동하는 그들만의 네트워크는, 평범한 배경을 가진 사람들에게는 마치 견고하게 닫힌 또 다른 세상처럼 느껴질 수 있다.

당신이 아무리 뛰어난 능력을 갖추고 밤낮없이 노력한다 해도, 그들은 이미 당신보다 여러 면에서 유리한 출발선에서, 더 많은 지원을 받으며 이 경쟁을 시작한다. 이것이 바로 우리가 마주한 '사회적 자본'이라는 이름의 보이지 않는 격차일 수 있다.

당신의 위치를 냉정하게 직시하라

이쯤 되면 깊은 무력감을 느낄지도 모른다. 마치 과거의 신분제 사회처럼, 태어날 때부터 보이지 않는 계급적 한계가 정해져 평생 그 안에서 살아가야 하는 것은 아닌가 하는 생각 말이다. 그리고 안타깝게도, 그러한 예감은 일정 부분 현실과 맞닿아 있다. 우리는 지금, 눈에 보이지는 않지만 매우 강력하게 작동하는 '현대판 계급 사회' 속에 살고 있는지도 모른다.

이제 더 이상 "노력하면 된다"는 막연한 희망이나, "언젠가는 기회가 올 것"이라는 안일한 낙관론에 기대서는 안 된다. 가장 먼저 해야 할 일은, 당신이 이 시스템 안에서 정확히 어떤 위치에 놓여 있는지를 냉정하게, 때로는 불편할 정도로 솔직하게 직시하는 것이다. 이는 단순히 심리적으로 '나는 흙수저인가, 금수저인가'를 판단하는 감상적인 수준을 넘어, 당신의 학력이나 경력이 이 사회에서 객관적으로 어느 정도의 경쟁력을 갖는지, 결정적인 순간에 당신에게 실질적인 도움을 줄 수 있는 인적 네트워크는 얼마나 확보되어 있는지, 반대로 당신의 발목을 잡고 있는 구조적인 불리함이나 개인적인 약점은 무엇인지 등 당신의 현재 상태를 구성하는 구체적인 요소들을 분석하고 인정하는 것을 의미한다. 이것은 결코 패배를 인정하거나 현실에 체념하라는 의미가 아니다. 오히려, 이 불공평하고 부조리한 게임의 규칙을 정확히 이해하고, 그 안에서 살아남아 자신만의 길을 찾기 위한 가장 현실적인 전략을 수립하기 위한 필수적인 첫걸음이다.

절망의 끝에서 시작되는 진짜 게임

계층이 고착화되고, 개인의 노력만으로 성공하기 어려운 세상이라는 진실을 마주하는 것은 분명 쉽지 않은 일이다. 어쩌면 깊은 좌절감과 함께 모든 것을 내려놓고 싶은 마음이 들 수도 있다. 하지만 모든 견고한 벽에는 반드시 보이지 않는 '틈'이 존재하고, 가장 복잡한 시스템일수록 예상치 못한 '버그'와 '허점'을 품고 있기 마련이다.

이 책의 진짜 목적은 절망을 이야기하는 것이 아니다. 우리의 진짜 게임은 이 절망의 끝에서, 바로 그 누구도 주목하지 않는 시스템의 '틈'을 찾아내고, 그것을 지렛대 삼아 판 전체를 흔드는 것에서부터 시작된다.

  이어지는 3부에서는, 바로 그 견고한 시스템의 허점을 파고들어 불리함을 역전시키는 구체적인 기술들, 즉 기존의 방식대로 용이 되기 어렵다면 스스로 새로운 물길을 만들어내는 '생존자들의 연금술'에 대해 본격적으로 이야기할 것이다.

  하지만 그 기술들을 연마하기에 앞서, 우리가 아직 제대로 인식하지 못한, 이 시스템이 가진 또 다른 불공평한 무기이자 때로는 가장 결정적인 '틈'이 될 수 있는 것이 존재한다. 그것은 때로 개인의 노력이나 재능보다 더 강력한 힘을 발휘하는 가장 원초적인 힘, 바로 '매력 자본'이다. 다음 장에서는 그 실체에 대해 자세히 들여다볼 것이다.

제11장

매력 자본이라는 가장 불공평한 무기
외모는 어떻게 성공의 판도를 바꾸는가

"내면이 중요하다"

이제 이 진부한 위안은 접어두자. 이미 많은 이들이 알고 있지 않은가? 세상은 개인의 고결한 정신세계보다 먼저 그 외모와 분위기, 즉 '매력 자본'에 반응하며 평가대에 올린다는 것을. 첫인상은 입을 열기도 전에 많은 것을 결정짓고, 중요한 프레젠테이션이나 비즈니스 미팅에서 이 '보이지 않는 손'은 우리의 운명에 알게 모르게 관여한다.

이제 스스로를 냉정하게 진단할 시간이다. 각자의 현재 '매력 자본' 수준은 어느 정도인가? 이 불공평한 게임판 위에서 우리는 어떤 패를 손에 쥐고 시작했는가? 이 불편한 진실을 인정하는 것이 모든 전략의 시작이다. 이 장은 어떤 패를 가졌든, 이 매력 자본이라는 불공평한 무기를 성공을 위해 가장 효과적으로 활용하거나, 창조하거나, 혹은 그 영향력 자체를 영리하게 무력화하는 실질적인 방법을 제시할 것이다.

매력 자본은 어떻게 우리의 운명을 조종하는가

아무리 뛰어난 능력을 갖추고 피나는 노력을 기울인다 한들, 매력 자본 앞에서는 때로 그 빛이 바래는 순간들을 경험했을 것이다. 가장 대표적인 것이 바로 '후광 효과'다. 사람들은 매력적인 외모를 가진 이에게 '유능함', '정직함', '지성'과 같은 다른 긍정적인 특성까지 무의식적으로 부여한다. 내용은 부실해도 발표자의 외모나 목소리가 뛰어나면 그럴듯하게 포장되는 마법, 이것이 후광 효과의 힘이다.

그리고 이 후광 효과는, 우리가 성공을 위해 확보해야 할 다른 모든 자본을 증폭시키는 가장 강력한 '승수효과(Multiplier Effect)'로 이어진다.

같은 아이디어를 담은 사업 계획서라도, 매력적인 사람이 발표할 때 투자자들은 무의식적으로 더 높은 성공 가능성을 예측하고, 그 결과 더 많은 '경제적 자본(투자금)'을 유치하게 된다. 단순히 외모가 출중해서가 아니라, 그 외모가 만들어낸 '신뢰'와 '기대감'이라는 후광이 투자자의 이성적 판단에까지 영향을 미치기 때문이다.

마찬가지로, 중요한 비즈니스 모임에서 매력적인 인물은 더 많은 대화의 기회를 얻고, 영향력 있는 인물들에게 더 쉽게 긍정적인 인상을 남기며, 이는 곧바로 강력한 '사회적 자본(인맥)'으로 전환된다. 사람들은 본능적으로 매력적인 사람과 더 오래 이야기하고 싶어 하고, 그들을 자신의 네트워크에 포함시키고 싶어 한다.

결국 매력 자본은 단순히 '인기가 많아진다'는 피상적인 수준에 머무는 것이 아니라, 우리가 9장과 10장에서 그토록 중요하게 이야기했던 사회적 자본과 경제적 자본을 더 쉽고, 더 빠르게 끌어오는 가장 강력한 '자석'이자 '촉매제' 역할을 하는 것이다. 이것이 바로 매력 자본이라는 불공평한 권력이 성공의 판도를 바꾸는 냉정한 현실이다.

매력 자본 앞에서의 두 가지 함정

이쯤 되면 매력 자본이 부족하다고 느끼는 이들은 깊은 절망감에 빠질지도 모른다. "어차피 타고난 걸 어떻게 하겠어"라며 자포자기하거나, "외모 따위에 신경 쓰는 건 속물들이나 하는 짓"이라며 애써 그 중요성을 부정할 수도 있다. 하지만 이러한 패배주의나 정신 승리야말로 스스로를 더욱 깊은 수렁에 가두는 함정이다.

반대로, 자신이 어느 정도 매력 자본을 가졌다고 생각하는 이들

역시 방심해서는 안 된다. 타고난 매력에 안주하여 그것을 전략적으로 활용하지 않는 것은 날카로운 무기를 녹슬게 방치하는 것과 같다.

중요한 것은 현재 어떤 수준의 매력 자본을 가졌든, 그것을 냉정하게 인지하고, 이 불공평한 무기를 각자의 성공을 위한 도구로 만들 것인가에 대한 치열한 고민과 '파격적인' 실행이다.

이제 어설픈 위로나 뜬구름 잡는 일반론은 접어두자. 각자의 상황에 맞춰 매력 자본을 어떻게 활용하고 창조하여 성공의 발판으로 삼을 것인지, 그 구체적이고 현실적인 전략을 알아볼 차례다.

주어진 매력, 어떻게 '전략적 자산'으로 극대화할 것인가

만약 괜찮은 외모나 호감 가는 분위기라는 선물을 받았다면, 그것을 적극적인 '전략적 자산'으로 활용해야 한다. 첫인상에서부터 그 매력을 의도적으로 활용하여 상대방에게 깊은 인상을 남기고, 대화나 협상 과정에서 유리한 분위기를 조성해야 한다. 스타일, 말투, 표정 하나하나가 상대방의 무의식에 어떤 영향을 미치는지 계산하고, 그것을 통해 원하는 반응을 이끌어내야 한다. 자신의 매력이 타인에게 신뢰감이나 호감을 느끼게 하여, 제시하는 의견이 더 쉽게 수용되고 개인의 가치가 더 높게 평가받도록 만들어야 한다. 이것은 약삭빠름이 아니라, 주어진 무기를 현명하게 사용하는 지혜다.

결핍을 무기로 전환하는 기술

매력 자본이 부족하다고 해서 게임이 끝난 것은 아니다. 없으면 만들면 되고, 부족하면 채우면 된다. 핵심은 '본래 모습'이라는 한계에 갇히지 않고, 성공에 필요한 매력적인 모습을 적극적으로 '연출'하고 '창조'하는 것이다. 각자의 목표와 상황에 맞는 최적의 이미지를 연구하고, 그것을 구현하기 위해 외모(스타일, 표정, 자세 등)와 비언어적 요소(목소리, 말투, 제스처 등)를 의식적으로 훈련하고 개선하는 노력이 필요하다. 때로는 이러한 노력의 연장선상에서 과하지 않은 의학적 성형을 선택하는 것도 현실적인 자기 관리의 한 방법일 수 있다. 중요한 것은 사회적 시선이 아니라, 오직 당신의 목표 달성에 그것이 효과적인 수단이 되는가이다.

하지만 자신감이 부족하더라도, 이미 모든 것을 갖춘 사람처럼 당당하게 행동하고 말하는 자세가 중요하다. 사람들은 우리가 보여주는 모습과 태도를 통해 우리를 판단한다. 개인의 약점이나 평범한 배경조차도 매력적인 스토리텔링을 통해 특별한 경험으로 재탄생시킬 수 있다. 중요한 것은 현실을 한탄하는 것이 아니라, 현실을 바꾸기 위해 무엇을 할 수 있는가에 집중하는 것이다.

물론, 매력 자본만이 성공의 유일한 열쇠는 아니다. 때로는 매력적인 상대에게 주눅 들지 않고 그들의 게임에 말려들지 않는 것, 혹은 매력이 아닌 다른 강점(실력, 깊이 있는 전문성, 독특한 개성 등)으로 승부하는 판을 짜는 것 역시 중요한 전략이다.

매력이라는 불공평한 게임, 우리의 선택은

　매력 자본은 이 세상에 존재하는 가장 강력하고도 불공평한 무기 중 하나임은 명백한 사실이다. 이것을 외면하거나 부정하는 것은 스스로 불리한 위치를 자초하는 어리석은 행동일 뿐이다. 이 장에서 이야기한 전략들이 때로는 각자의 가치관과 충돌하거나 불편하게 느껴질 수도 있을 것이다. 하지만 기억해야 한다. 세상은 우리의 도덕적 고뇌나 아름다운 이상에 쉽게 감동하지 않는다. 결국 개인이 어떤 '결과'를 만들어내느냐로 그를 평가할 뿐이다.
　이 매력이라는 잔인하면서도 매혹적인 게임의 규칙을 이해했다면, 이제 선택해야 한다. 이 게임의 희생자로 남아 지배당하며 살아갈 것인가, 아니면 그 불공평한 규칙을 이해하고 영리하게 활용하여 승리자가 되어 모든 것을 자신의 의지대로 이끌어갈 것인가? 손에 쥐어진 이 '강력하지만 위험할 수 있는 도구'를 어떻게 사용할지는 이제 각자의 판단에 달렸다. 부디 현명하고, 동시에 누구보다 대담하게 그 힘을 사용하길 바란다.

제12장

넘어진 자와 다시 일어서는 자
실패의 무게는 왜 당신에게만 가혹한가

"실패는 성공의 어머니다."
"넘어져도 괜찮아, 다시 일어서면 돼."
"실패를 통해 배우고 성장하는 것이다."

우리는 살면서 수없이 많은 실패 예찬론을 듣는다. 마치 실패는 성공으로 가기 위한 필수적인 통과의례이자, 성장을 위한 값진 경험이라도 되는 것처럼 말이다. 위대한 발명가 에디슨의 일화부터 시작해, 수많은 역경을 딛고 일어선 기업가들의 성공담 속에는 어김없이 '실패의 교훈'이 아름답게 포장되어 있다. 이러한 이야기들은 우리에게 실패를 두려워하지 말고 용감하게 도전하라고 격려하며, 그것이 성공에 이르는 유일한 길인 것처럼 속삭인다.

하지만 이 시대를 살아가는 당신에게, 이 격려가 얼마나 공허하게 들리는가? 한번 실패하면 회복하기 어려울 것 같은 불안감, 재기 불능이라는 주변의 평가를 받을지도 모른다는 두려움, 그리고 이어 질지 모르는 싸늘한 시선과 비난. 현실에서 느끼는 실패의 무게는 결코 교과서 속 미담처럼 가볍거나 아름답지 않다. 그렇다면 우리는 왜 이토록 실패를 두려워하는 것일까? 단순히 용기가 부족해서 일까? 아니면, 실패라는 수업료가 애초에 모두에게 공평하게 청구되지 않는다는 것을 본능적으로 알고 있기 때문일까?

넘어져도 아프지 않게 받아줄 쿠션은 누구에게나 있는가

똑같이 넘어져도 어떤 사람은 가볍게 툭툭 털고 일어나지만, 어떤 사람은 큰 상처를 입고 다시 일어서기 어려워한다. 그 차이는 어디에서 오는 걸까? 바로 '안전망'의 유무다. 실패했을 때 기댈 수 있는 든든한 배경, 다시 시작할 수 있는 경제적 여유, 그리고 넘어져도 괜찮다고 말해주는 사회적 연결망. 이 모든 것이 바로 실패의 충격을 흡수하는 안전망이다.

소위 '금수저'라 불리는 이들의 실패는 종종 '값비싼 경험'으로 여겨진다. 몇 번의 사업 실패도 부모의 충분한 자금 지원 앞에서는 그저 다음 성공을 위한 수업료가 될 뿐이다. 그들에게 실패는 성장의 밑거름이자, 더 큰 도전을 위한 워밍업에 불과할지도 모른다. 실패의 리스크는 상대적으로 적고, 재도전의 기회는 얼마든지 열려 있다.

하지만 아무런 배경도, 자본도 없는 '흙수저'에게 실패는 전혀 다른 의미로 다가온다. 단 한 번의 사업 실패가 곧바로 신용 문제로 이어지고, 감당하기 어려운 부채를 안게 될 수도 있다. 학자금 대출과 월세의 무게에 힘겨워하는 청년에게, 창업 실패는 곧 생존의 어려움이자 사회로부터의 고립감을 느끼게 할 수 있다. 더욱이, 한번의 뼈아픈 추락은 깊은 심리적 트라우마를 남겨, '나는 결국 안 되는 존재인가'라는 자기 비하와 함께 자존감을 송두리째 앗아가기도 한다. 이는 결국 새로운 도전을 향한 의지마저 꺾어버리고, 미래를 향해 나아갈 용기조차 내지 못하게 만드는 보이지 않는 족쇄가 될 수 있다. 그들에게 실패는 결코 성장의 발판으로만 보기 어려우며, 재도전이라는 단어는 멀게만 느껴질 수 있다. 그들의 실패는 때로 삶의 기반을 흔드는 커다란 시련이기 때문이다.

기회는 결코 평등하게 주어지지 않는다

실패 후 다시 도전할 수 있는 '기회' 그 자체가 이미 불평등하게 분배되어 있다는 사실은 우리를 더욱 힘들게 만든다. 자금력은 물론이고, 실패 경험을 통해 얻은 정보와 네트워크를 활용하여 재기할 수 있는 가능성 역시 그들에게 훨씬 더 유리하게 작용한다.

한번 실패한 사람에게 다시 투자하거나 기회를 주려는 사회적 분위기는 찾아보기 어렵다. 특히 한국 사회에서 '실패자'라는 인식은 쉽게 바뀌지 않으며, 재기의 의지를 꺾기도 한다. 금융 거래는 어려워지고, 주변의 시선은 냉담하며, 함께 했던 동료들마저 거리를 두는 경우가 있다. 그들은 넘어져도 다시 일어설 수 있도록 돕는 여러 안전장치를 가졌지만, 당신에게는 의지할 곳 하나 없는 불안한 상황에 놓여 있을지도 모른다. 이런 상황에서 "왜 도전하지 않느냐"고 묻는 것은 얼마나 현실과 동떨어진 이야기인가.

누군가의 '경험'은 왜 나의 '낙오'가 되는가

더욱 우리를 답답하게 만드는 것은 실패를 대하는 세상의 이중잣대다. 똑같은 실패를 경험하더라도, 그 사람이 어떤 배경과 사회적 지위를 가졌느냐에 따라 평가는 현저히 달라진다.

누군가의 사업 실패는 종종 "과감한 도전 정신이 돋보였다", "실패를 통해 더 큰 것을 배웠을 것이다"라는 식으로 포장되곤 한다. 이들의 실패담은 때로 흥미로운 이야기로 소비되고, 다음 도전을 위한 밑거름으로 여겨진다. 하지만 일반적인 사람들의 실패는 어떤가? "역시 능력 부족이다", "준비가 미흡했다", "현실을 모르고 덤볐다"는 식의 냉정한 평가와 비판만이 따르기 쉽다. 이들의 실패는 그저 부족함의 증거로 치부되고, 다시 일어서기 어렵게 만드는 사회적 분위기가 형성되기도 한다.

　이러한 불공정한 이중잣대는 실패에 대한 두려움을 더욱 키우고, 도전 의식을 위축시키는 주요한 요인이 된다. "어차피 실패하면 나만 힘들어지는데", "괜히 도전했다가 더 어려운 상황에 빠지는 것보다야 지금 이대로가 낫지"라는 자조 섞인 목소리가 나오는 것은 어쩌면 당연한 결과일지도 모른다.

이것이 바로 당신이 도전을 망설이는 진짜 이유다

　혹시 당신도 새로운 도전을 앞두고 망설이고 있는가? 안정적인 현재를 박차고 나갈 용기가 나지 않는가? 그렇다면 그것은 결코 당신이 유별나게 소심하거나 겁이 많아서가 아니다. 당신은 그저 이 가혹한 게임의 규칙을 너무나 잘 알고 있을 뿐이다. 실패했을 때 당신이 감당해야 할 결과와 다시 일어설 기회를 얻기가 얼마나 어려운지 그 냉정한 현실 인식이 당신의 발목을 붙잡고 있는 것이다.

　세상은 끊임없이 당신에게 "도전하라!", "실패를 두려워하지 마라!"고 말하지만, 정작 당신이 넘어졌을 때 따뜻하게 손 내밀어줄 준비는 충분하지 않을 수 있다. 오히려 무관심하거나 외면할 뿐일지도 모른다. 물론, 이처럼 실패의 모든 책임을 개인에게만 떠넘기는 각박한 현실과 부실한 사회적 안전망은 분명 개선되어야 할 구조적 문제다. 실패를 용인하고 재기를 지원하는 더 성숙한 사회 시스템이 절실하다는 점을 부정할 생각은 없다. 하지만 이 책은 거대 담론이나 사회 운동을 논하려는 것이 아니다. 중요한 것은 주어진 이 판 위에서 당신이 어떻게 살아남을 것인가이다. 이러한 현실을 직시하는 것이, 그럼에도 불구하고 어떻게 이 험난한 세상에서 살아남고, 당신만의 방식으로 승리할 것인지에 대한 새로운 전략을 짜는 가장 중요한 출발점이 되어야 한다.

모험이 아닌 '계산된 도전'을 감행하라

"실패는 성공의 어머니다"라는 달콤한 위로는 이제 잠시 잊어도 좋다. 실패의 무게는 결코 가볍지 않으며, 모두에게 공평하게 주어지지도 않는다. 이것이 우리가 가장 먼저 인정해야 할 불편한 진실이다.

하지만 이 불공평한 현실 앞에서 그저 좌절하고 도전을 포기하는 것은, 결국 수동적인 삶을 스스로 선택하는 것과 다르지 않다. 중요한 것은 실패의 가능성을 누구보다 정확하게 인지하고, 그것을 최대한 줄이며, 설령 넘어지더라도 다시 일어설 수 있는 치밀하고 계산된 도전을 감행하는 지혜와 용기다. 무모한 모험이 아니라, 철저한 분석과 준비를 바탕으로 성공 가능성을 높이는 게임을 해야 한다. (그리고 이 책의 후반부에서는 바로 그 구체적인 방법에 대해 이야기할 것이다.)

이렇게 실패의 대가가 가혹하고, 재도전의 기회마저 불평등한 세상에서, 우리는 종종 안정적인 피난처를 찾기 위해 또 다른 중대한 선택을 하기도 한다. 그중 가장 대표적인 것이 바로 '결혼'이다. 과연 결혼은 사랑의 이름으로 우리를 보호해주는 안식처일까, 아니면 또 다른 형태의 냉혹한 생존 비즈니스일까? 다음 장에서는 이 질문에 대한 답을 찾아보겠다.

제13장

결혼은 사랑인가, 비즈니스인가
냉정한 현실의 손익계산서

"사랑만 있다면 모든 것이 해결될 거야."
"결혼은 두 사람이 하나가 되는 신성한 사랑의 결실이다."

우리는 얼마나 오랫동안 이 달콤한 속삭임에 귀를 기울여 왔는가? 드라마 속 주인공들은 역경을 이겨내고 마침내 결혼이라는 해피엔딩을 맞이하고, 주변 어른들은 "사랑하는 사람 만나 가정을 꾸리는 것이 인생의 가장 큰 행복"이라고 조언한다. 이러한 낭만적인 이야기들 속에서 우리는 결혼을 지고지순한 사랑의 완성으로, 모든 현실적인 어려움을 초월하는 마법 같은 관계로 여기곤 한다.

하지만 정말 그럴까? 당신이 결혼 적령기에 접어들었거나, 혹은 주변 친구들의 결혼 준비 과정을 지켜본 적이 있다면, 이 아름다운 환상이 얼마나 쉽게 깨져버리는지 이미 경험했을지도 모른다. 연애 시절에는 그저 좋기만 했던 상대방의 조건들이 결혼이라는 현실적인 관문 앞에서 하나하나 냉정한 평가의 대상이 되고, '사랑'이라는 단어만으로는 도저히 해결되지 않는 수많은 문제들이 수면 위로 떠오른다. 과연 결혼은 순수한 사랑의 서약일까, 아니면 지극히 현실적인 조건과 이해관계가 맞물려 돌아가는 거대한 비즈니스 계약일까? 이제 그 불편한 진실의 손익계산서를 펼쳐볼 시간이다.

'조건 없는 사랑'이라는 아름다운 거짓말

"저는 돈이나 외모 같은 조건은 안 봐요. 그저 저를 진심으로 사랑해주고, 마음이 통하는 사람이면 돼요." 이 얼마나 아름답고 순수한 고백인가? 하지만 이 말을 하는 사람의 주변을 둘러보라. 그가 선택한 연인이나 배우자가 정말 아무런 '조건'도 갖추지 않은 사람일 가능성은 극히 낮다. 어쩌면 그는 이미 상대방의 '조건'에 충분히 만족하고 있거나, 혹은 그 조건을 뛰어넘을 만큼 압도적인 매력(그것이 외모든, 성격이든, 혹은 잠재력이든)을 발견했기 때문에 '조건을 안 본다'고 자신 있게 말할 수 있는 것이다.

결혼 정보 회사에서 매겨지는 냉혹한 등급표, 맞선 자리에서 오고 가는 노골적인 프로필 교환, 그리고 심지어 자유연애를 통해 만난 커플들조차 결혼을 앞두고는 상대방의 직업, 소득, 학력, 집안 배경,

심지어 건강 상태까지 꼼꼼하게 따져보는 것이 오늘날의 현실이다. '사랑'이라는 감정 역시, 결국 상대방이 가진 다양한 '가치'에 대한 복합적인 평가에서 완전히 자유로울 수 없다. '조건 없는 사랑'이라는 말은, 사실 그 자체로 최고의 조건을 갖춘 사람만이 누릴 수 있는 특권이거나, 혹은 현실을 외면하고 싶은 자기기만에 불과할지도 모른다.

결혼이라는 '가치 교환'의 노골적인 현장

결혼 시장에서 가장 노골적으로 드러나는 '가치 교환'의 단면은 바로 남성에게는 '경제력'을, 여성에게는 '젊음과 외모'를 우선적으로 요구하는 전통적인 관념이다. 물론 현대 사회로 넘어오면서 이러한 기준은 다소 변화하고 다양해졌지만, 그 본질적인 거래의 속성은 여전히 강력하게 작동하고 있다.

남성은 안정적인 수입과 자산, 즉 '두둑한 지갑'을 통해 여성에게 경제적 안정과 더 나은 삶의 질을 제공할 수 있음을 어필한다. 여성은 젊고 아름다운 외모, 즉 아직 시간이 충분히 남아있는 '생물학적 시계'와 출산 및 양육의 가능성을 통해 남성에게 매력적인 파트너로서의 가치를 제시한다. 이것은 마치 수컷 공작이 화려한 깃털로 암컷을 유혹하고, 암컷은 가장 건강한 수컷을 선택하여 종족 번식의 가능성을 높이는 자연의 법칙과도 닮아있다.

물론 오늘날에는 여성의 사회적 지위가 향상되면서 경제력을 갖춘 여성이 늘어났고, 남성 역시 외모나 가사 능력 등이 중요한 평가 요소로 부상했다. 하지만 여전히 결혼이라는 '거래'의 저변에는 각자가 상대방에게 무엇을 제공하고, 그 대가로 무엇을 얻을 수 있을지에 대한 치밀한 계산이 깔려 있다. 그것이 경제적 안정이든, 사회적 지위 상승이든, 정서적 만족감이든, 혹은 안정적인 자녀 양육 환경이든, 결혼은 결국 각자의 필요와 욕구를 충족시키기 위한 고도의 '전략적 제휴'에 가깝다.

당신의 결혼 시장 가치는 얼마인가

이쯤 되면 당신은 불편한 진실을 마주해야 한다. 바로 결혼 시장에서 당신 역시 하나의 '상품'으로 평가받고 거래될 수 있다는 사실이다. 당신의 직업, 소득, 학력, 외모, 나이, 건강 상태, 성격, 심지어 부모님의 노후 준비 상태까지 모든 것이 당신의 '시장 가치'를 결정하는 냉정한 지표가 된다.

결혼 정보 회사에 가입해본 적이 있는가? 그곳에서는 당신의 모든 조건이 점수화되고 등급으로 매겨져, 비슷한 수준의 '상품'들과 매칭된다. 마치 부동산 중개소에서 아파트의 평수, 위치, 연식에 따라 가격이 매겨지듯 말이다. "당신은 어떤 등급의 상품이며, 어떤 조건의 상대방과 '거래'되기를 원하는가? 그리고 당신은 그 대가로 상대방에게 무엇을 제공할 수 있는가?" 이 질문에 대한 답을 스스로 내릴 수 있어야 한다.

이러한 현실 인식이 어쩌면 당신을 불편하게 만들거나, 인간과 사랑이라는 가치 자체에 대한 깊은 환멸감이나 냉소적인 생각에 빠지게 할지도 모른다. 만약 그렇다 해도, 그것은 지극히 자연스러운 감정일 수 있다. 우리가 그토록 순수하고 아름답다고 믿어왔던 관계의 이면에 숨겨진 거래의 민낯을 마주하는 것은 누구에게나 결코 유쾌하거나 쉬운 일이 아니기 때문이다.

하지만 중요한 것은 이 불편한 감정에 매몰되지 않는 것이다. 오히려 그 감정을, 냉정한 현실을 딛고 한 걸음 더 나아가기 위한 동력으로 삼아야 한다. 이 냉철한 자기 분석은 결코 당신을 비참하게 만들기 위함이 아니다. 이것은 결혼이라는 중대한 '비즈니스'에서 승리하기 위해 반드시 거쳐야 할 핵심적인 준비운동이다. 자신의 가치를 정확히 알고, 상대방에게 매력적인 '거래 조건'을 제시할 수 있을 때, 비로소 당신은 이 게임의 주도권을 쥘 수 있다.

사랑이냐, 계약이냐 둘 다 가지는 것이 현명하다

그렇다면 결혼은 차가운 이해타산만이 존재하는 비즈니스일 뿐, 사랑이라는 감정은 설 자리가 없는 것일까? 그렇게 단정하는 것 또한 세상을 너무 단순하게 보는 것이다. 인간은 감정의 동물이며, 사랑과 정서적 유대감 없이 장기적인 관계를 유지하는 것은 거의 불가능에 가깝다.

이상적인 결혼은 어쩌면 뜨거운 사랑이라는 감정과 차가운 현실이라는 조건 사이의 아슬아슬한 균형점 위에 서 있는지도 모른다. 중요한 것은, 그 균형을 맞추기 위해서는 먼저 결혼의 '비즈니스적 속성'과 '거래의 법칙'을 정확하게 이해하고, 그것을 자신에게 유리하게 활용할 줄 아는 영리함이 필요하다는 점이다.

사랑이라는 아름다운 감정에만 매몰되어 현실적인 손익계산을 무시하는 것은, 마치 아무런 사업 계획 없이 열정만으로 창업에 뛰어드는 것과 같은 어리석은 짓이다. 반대로, 조건만 따지며 마음 없는 결혼을 선택하는 것 또한 결국에는 공허함과 후회만을 남길 가능성이 크다. 진짜 승자는 사랑이라는 강력한 무기와 함께, 현실적인 조건이라는 든든한 방패까지 모두 갖추는 법을 안다.

당신의 행복을 주도적으로 '설계'하라

이제 결혼에 대한 낭만적인 환상의 커튼을 걷어내고, 그 이면에 숨겨진 냉정한 '손익계산'과 '가치 교환'의 원리를 정면으로 마주하라. 이것은 결코 사랑의 숭고한 가치를 폄훼하려는 것이 아니다. 오히려, 뜬구름 잡는 환상에서 벗어나 더욱 현실적이고 지속 가능한 행복을 당신 스스로 구축하기 위한 필수적인 과정이다.

더 이상 운명적인 사랑이나 백마 탄 왕자님을 기다리는 수동적인 자세에서 벗어나, 당신 스스로 자신의 결혼관을 재점검하고, 당신에게 가장 유리하고 행복한 '결혼이라는 비즈니스 모델'을 주도적으로 설계하라. 당신의 인생에서 가장 중요한 계약 중 하나인 결혼을, 더 이상 감정에만 의존하는 아마추어처럼 처리해서는 안 된다.

결혼뿐만 아니라, 세상의 모든 성공과 성취 뒤에는 우리가 알지 못하는 수많은 비밀스러운 거래와 계산, 그리고 때로는 추악한 이면이 숨겨져 있다. 그렇다면 소위 '성공한 사람들'은 과연 어떤 비밀들을 무덤까지 가져가는 것일까? 다음 장에서는 그들이 결코 밝히지 않는 성공의 어두운 그림자들을 파헤쳐보려 한다.

제14장

승자들의 마지막 가면 뒤편
그들이 공유하지 않는 '성공의 연금술'

지금까지 우리는 세상이 얼마나 정교하게 개인의 눈을 가리고, 순진함을 이용해왔는지 그 불편한 진실들을 마주했다. 샤넬의 화려함 뒤에 숨겨진 냉정한 거래, 인맥이라는 이름의 철저한 가치 교환, 계급이라는 보이지 않는 틀, 도전 후 실패의 무게, 그리고 결혼이라는 현실적인 계약까지. 2부의 여정을 통해 우리는 이미 이 세상이 결코 동화 속 이야기처럼 아름답거나 공정하지만은 않다는 것을 어렴풋이 깨달았을 것이다.

그렇다면, 이 모든 것을 꿰뚫어 보고 이 만만치 않은 게임에서 유리한 고지를 점하는 소수의 사람들은 과연 어떤 비밀을 가지고 있는 것일까? 그들은 우리가 학교에서 배우고 사회에서 이상적이라고 권장 받았던 '착한 아이'의 성공 방정식과는 전혀 다른, 때로는 기존의 관념을 넘어서는 그들만의 '성공 연금술'을 사용하고 있지는 않을까? 이제, 그들이 대중에게는 결코 쉽게 보여주지 않는 마지막 가면 뒤편, 그들이 좀처럼 드러내고 싶어하지 않는 '성공의 핵심 원리'가 어떻게 작동하는지, 그 비밀스러운 내부를 파헤쳐볼 시간이다. 이것을 아는 순간, 성공에 대한 기존의 모든 관념을 다시 생각하게 될지도 모른다.

때로는 과정이 결과를 위해 복무한다

진정한 승자들의 세계에서, 과정의 아름다움이나 도덕적 명분은 때로 부차적인 요소로 여겨질 수 있다. 그들에게 가장 중요한 것은 오직 '결과'로서의 목표 달성일 수 있다. 이를 위해 그들은 때로 사회가 그어놓은 선을 대담하게 넘어서거나, 기존의 규범에 변화를 주는 것을 주저하지 않는 모습을 보이기도 한다.

하지만 여기서 말하는 '선을 넘는 대담함'을, 명백한 불법 행위나 타인에 대한 악의적인 착취와 동일시해서는 안 된다. 진정한 고수들은 어설픈 범죄자들이 맞이하는 '파멸'이라는 리스크를 누구보다 잘 알기에, 법의 테두리를 무모하게 넘지 않는다. 대신 그들은 법이 아직 규정하지 못하거나 처벌하기 어려운 '회색지대(Gray Area)'를 누구보다 영리하게 파고들거나, 기존 질서의 허점을 이용하여 자신에게 유리한 새로운 규칙을 만들어낸다. 이것은 단순한 범법 행위가 아닌, 시스템에 대한 깊은 이해를 바탕으로 한 '지능적인 플레이'이며, 이 책이 말하는 '이면의 기술'의 핵심이다.

그들에게 중요한 것은 과정의 명분보다는 결과의 확실성이며, 때로는 그 과정에서의 '소음'은 성공을 위한 감수해야 할 비용으로 간주된다.

인생은 모든 과정을 관중이 지켜보며 '졌잘싸'를 외쳐주는 스포츠 경기가 아니다. 스포츠에서는 때로 결과보다 과정의 투혼이 더 깊은 인상을 남기기도 하지만, 냉혹한 현실의 게임에서는 전혀 다르다. 당신이 어떤 과정을 거쳤든, 세상은 대부분 당신의 '최종 결과'만을 보고 당신을 재단한다. 심지어 결과가 좋지 않으면, 아무리 훌륭했던 과정이라도 무시당하거나 '실패한 시도'로 낙인찍히기 일쑤다.

순수한 이상과 고결한 신념만으로는 성공으로 가는 쉽지 않은 길을 헤쳐나가기 어렵다는 것을 승자들은 알고 있다. 그들은 이상과 현실 사이에서 균형을 잡으며, 결정적인 순간에는 자신의 생각마저도 '전략적으로' 유보하거나 현실에 맞게 조정하는 놀라운 유연성을 보여주는데, 이것은 그들 세계에서 단순한 타협이나 자기기만이 아니다. 더 큰 목표를 달성하고 현실을 자신의 의지대로 만들어가기 위한 고도의 '현실 감각'이자 그들만의 '생존 전략'이다. 그들은 이상에만 매몰되는 것이 아니라, 현실을 정확히 파악하고 움직임으로써 자신만의 방식으로 이상을 실현할 결정적인 기회를 만들어낸다고 생각한다.

게임의 설계자가 되어 판 전체를 주도한다

평범한 사람들은 주어진 게임의 규칙 안에서만 움직이려 하지만, 진정한 승자들은 게임의 규칙 자체를 자신에게 유리하게 만들거나, 아예 새로운 게임판을 설계하여 다른 이들이 쉽게 따라올 수 없는 독자적인 영역을 창조한다.

그들은 법과 제도, 시장의 흐름, 기술의 발전, 심지어 대중의 심리까지도 자신들의 목표 달성을 위해 정교하게 활용하고 때로는 방향을 유도하는 '시스템의 설계자'로서의 면모를 보인다. 왜 우리는 항상 그들이 만들어 놓은 불리한 게임판 위에서 그들의 규칙에 따라 움직여야만 하는가? 그들은 시스템을 단순히 이용하는 것을 넘어, 때로는 시스템의 흐름에 영향을 미쳐 우리의 선택과 행동에 간접적으로 관여하고 있는 것이다.

승자들은 결코 자신의 모든 것을 대중에게 투명하게 공개하지 않는다. 그들은 자신의 이미지를 철저히 관리하고 통제하며, 때로는 완벽이라는 이름의 '가면'을 쓰고 대중의 신뢰를 얻거나 경쟁에서 우위를 점한다. 중요한 것은, 그들이 자신의 실패나 약점을 단순히 숨기는 것을 넘어, 때로는 그것마저도 자신의 성장 스토리나 인간적인 면모로 '의도적이고 전략적으로 연출'하여 오히려 브랜드 가치를 높이는 데 활용한다는 점이다. 그들에게 약점은 그저 감춰야 할 대상이 아니라, 또 다른 기회를 만들거나 상대방의 경계를 허무는 계산된 수단일 수 있다.

무엇을 보고 무엇을 선택할 것인가

이러한 승자들의 '성공의 연금술'은 분명 기존의 통념과는 거리가 멀다. 그것은 때로는 불편하고, 때로는 쉽게 받아들이기 어려워 보이며, 심지어는 우리가 배워온 모든 도덕적 가치와 정면으로 충돌할 수도 있다.

하지만 이 책은 당신에게 이러한 방식을 무조건적으로 따르라고 강요하거나, 혹은 그것이 유일한 정답이라고 말하려는 것이 아니다. 다만, 이것이 바로 우리가 외면하고 싶었던, 그러나 세상의 정점에서 승리하는 소수가 실제로 활용하고 있는 '게임의 또 다른 이면'임을 보여주고자 하는 것이다. 그들은 우리처럼 고민하고 망설이는 대신, 때로는 이러한 '기존의 틀을 넘어서는 기술'들을 과감히 사용함으로써 원하는 모든 것을 성취해왔다.

이들 이는 것은 우리에게 새로운 선택지를 제공한다. 우리는 이 '드러나지 않은 연금술'의 존재를 인지하고, 그것을 어떻게 수용하고 삶과 성공 방정식에 적용할 것인지를 판단해야 한다. 모든 선택, 그리고 그로 인한 결과는 결국 자신의 몫이다.

이것으로 2부, "불편한 진실의 게임: 승자들은 이렇게 우리의 눈을 가리고 현실을 조종한다"의 막을 내린다. 이제 세상이 얼마나 교묘하게 사람들을 속이고 이용하는지, 그리고 소위 '성공한 사람들'이 어떤 드러나지 않은 기술과 그들만의 법칙을 통해 자신들의 위치를 공고히 하는지 그 이면을 보았을 것이다. 더 이상 과거의 당신이 아니다. 이제 게임의 법칙을 이해한 '플레이어'로서, 다음 단계로 나아갈 모든 준비를 마쳤다.

그렇다면 이 만만치 않고 때로는 불합리한 게임판 위에서, 당신은 과연 어떤 플레이를 펼칠 것인가? 그저 절망하고 순응할 것인가, 아니면 이 모든 상황을 냉철하게 분석하며 당신만의 방식으로 판을 뒤집고 원하는 것을 성취할 것인가?

다음 3부, "판을 뒤집는 생존자들: 냉혹한 현실에서 새로운 길을 창조하라"에서는 바로 그 생존과 승리의 기술들, 세상이 당신에게 결코 쉽게 가르쳐주지 않았던 진짜 성공의 방법론들을 본격적으로 이야기할 것이다. 기대해도 좋다. 진짜 게임은 지금부터 시작이다.

Intermission

세상의 모든 비밀을 알게 된 자의 눈에는
때로 절망의 무게가 먼저 담기는 법.

하지만 그 눈빛만이,

어둠 속에서 빛나는 기회를 발견할 수 있다.
당신의 통찰은 이제 당신의 희망이 된다.

3부

판을 뒤집는 생존자들

냉혹한 현실에서 새로운 길을 창조하라

당신을 지배자로 만들 5가지 코드네임

지금까지 우리는 세상이 어떻게 당신을 속이는지, 성공의 이면에 어떤 거래가 숨어있는지 충분히 확인했다. 낡은 공식과 선량함만으로는 이 불공평한 게임에서 결코 이길 수 없다는 사실 또한 깨달았을 것이다.

이제는 알아차리는 것을 넘어, 직접 행동에 나설 때다. 판을 읽는 구경꾼에서 판을 주도하는 플레이어로, 당신의 역할을 바꿔야 한다.
지금부터 시작되는 3부는, 이 냉혹한 현실에서 당신을 무장시킬 5가지 강력한 무기를 장착하는 과정이다. 이것은 막연한 희망이 아닌, 당신이 직접 손에 쥐고 휘두를 수 있는 구체적인 기술이자 현실적인 전략이다.

당신이 장착하게 될 5가지 무기는 다음과 같다.

첫 번째 무기, 딥 커버 (Deep Cover): 성공한 자들의 세계로 스며들어, 그들의 사고방식과 행동 양식을 당신의 것으로 체화하는 기술.

두 번째 무기, 페르소나 (Persona): 조직의 이름이 아닌, 당신의 이름 석 자를 대체 불가능한 브랜드로 만들어 기회를 창출하는 기술.

세 번째 무기, 룰 메이커 (The Rule Maker): 세상이 정해준 불리한 규칙을 거부하고, 당신에게 유리한 새로운 판을 직접 설계하는 기술.

네 번째 무기, 알파 엔진 (The Alpha Engine): 당신의 모든 내적, 외적 자원을 성공을 위한 핵심 동력으로 전환하여, 압도적인 추진력을 만들어내는 기술.

다섯 번째 무기, 휴먼 노드 (The Human Node): 모든 인간관계를 전략적으로 분석하고 재편하여, 당신의 목표 달성을 위한 강력한 지지 기반으로 삼는 기술.

이 다섯 가지 무기가 당신의 것이 되었을 때, 당신은 이전과는 전혀 다른 플레이어가 되어 있을 것이다. 이어지는 장들은 이 무기들의 구체적인 사용법과 제련법을 다루는 실전 가이드가 될 것이다.

이제 당신의 손에 무기를 쥘 준비가 되었는가?

첫 번째 무기부터 장착을 시작한다.

제15장: 딥 커버(Deep Cover)

성공의 리그로 점프하는 법
그들의 공기를 마시고 성공의 코드를 읽어내라

"끼리끼리 어울린다."

이 냉소적으로 들릴 수 있는 말은 단순한 편견이 아니라 우리가 살아가는 세상의 매우 현실적인 작동 원리 중 하나다. 사람은 본능적으로 자신과 비슷한 수준의 사람들과 어울리며 안정감을 느낀다. 하지만 바로 그 익숙함이 당신의 성장을 가로막는 한계가 될 수 있다.

비슷한 사람들끼리는 아무리 머리를 맞대고 고민해도, 생각과 세상을 보는 시야가 그 수준을 넘어서기 어렵기 때문이다. 마치 사회 초년생이 자기 생각에는 기발한 아이디어를 낸 것 같아도, 수많은 경험을 거친 선배의 눈에는 그저 예측 가능한 수준의 손바닥 안처럼 훤히 보이는 것과 같다. 그래서 당신이 지금의 한계를 뛰어넘어 진짜 성공을 원한다면, 의식적으로 당신보다 더 높은 수준에 있는 사람들의 세계로 뛰어들어야 한다. 이것이야말로 우리가 장착할 첫 번째 무기, 딥 커버(Deep Cover)의 시작이다.

10억을 벌고 싶다면 10억 버는 사람과 어울려라

"10억을 벌고 싶다면 이미 10억을 번 사람과 어울려라." 자기계발서나 성공 강연에서 한두 번쯤은 들어봤을 법한 말이다. 많은 사람들이 이 말을 그저 '부자 친구를 사귀어서 도움을 받으라'는 식의 순진한 조언으로 여기곤 한다. 하지만 이 문장의 진짜 가치는 '10억'이라는 숫자에 있는 것이 아니다. 이것은 도달하고 싶은 성공의 '수준'과 '규모'에 대한 은유다.

즉, 특정 분야의 최고가 되고 싶다면, 이미 그 경지에 오른 사람들의 생각과 행동, 그리고 감각을 훔쳐야 한다는 가장 현실적인 성공 전략인 것이다. 얻고자 하는 것이 막대한 부이든, 대체 불가능한 명성이든, 혹은 세상을 바꾸는 영향력이든 그 원리는 같다.

핵심은 그들의 '직접적인 도움'을 기대하라는 것이 아니다. 진짜 목표는 그들의 환경에 의도적으로 당신을 노출시킴으로써, 자신의 생각과 행동 패턴을 성공에 최적화된 방식으로 완전히 전환하는 데 있다. 그들과 어울린다는 것은 단순히 같은 공간에 머무는 것을 넘어, 그들의 성공 DNA라 할 수 있는 '사고방식'과 '행동 양식'을 통째로 당신의 것으로 체화하는 과정이다.

첫째, 그들의 '사고방식'이 영향을 준다. 성공에 대한 그들만의 독특한 관점, 리스크를 회피하기보다 기회로 인식하고 활용하는 대담함, 평범한 사람들은 보지 못하는 미래의 흐름을 읽어내는 예리한 안목. 이러한 것들은 책이나 강의만으로는 결코 체득하기 어려운 오직 그들의 세계에서 함께 호흡할 때만이 자연스럽게 스며드는 '성공적 사고의 틀'과 같다.

둘째, 그들의 '행동 양식'이 몸에 익숙해진다. 그들의 말투, 표정, 제스처 하나하나에는 성공한 사람 특유의 자신감과 에너지가 담겨있다. 그들이 의사결정을 내리는 과정, 위기 상황에 대처하는 자세 등은 살아있는 학습 자료가 된다. 처음에는 어색한 모방일지라도 반복적인 노출과 무의식적 학습을 통해 어느덧 당신도 그들처럼 생각하고 행동하는 자신을 발견하게 될 것이다.

셋째, 그들만이 접근 가능한 '고급 정보'의 흐름에 합류하게 된다. 세상의 모든 중요한 정보는 결코 공평하게 공개되지 않는다. 진짜 부를 창출하거나 세상을 움직이는 핵심적인 이야기들은 언제나 소수의 네트워크 내부에서 먼저 공유된다. 그들의 네트워크에 접속하는 순간, 당신은 이전에는 상상할 수 없었던 정보의 우위를 점하고 새로운 기회를 포착할 수 있게 된다. 이는 마치 모두가 이용하는 공개 와이파이가 아니라, 소수에게만 허락된 초고속 데이터 전용선을 얻는 것과 같다

구경꾼에서 플레이어로, 마침내 지배자로

하지만 명심하라. 아무런 준비 없이 무작정 그들의 모임에 얼굴을 들이민다고 해서 하루아침에 그들의 일원이 될 수 있는 것은 아니다. 오히려 어설픈 접근은 자신을 더욱 위축되게 만들 뿐이다. 그들의 세계로 성공적으로 진입하기 위해서는 나름의 전략과 단계적인 접근이 필요하다.

1단계, 당신이라는 '상품'의 가치를 냉정하게 분석하고, '제안할 카드'를 준비하라: 제9장에서 우리는 인맥이 철저한 가치 교환의 원리에 의해 작동한다는 것을 확인했다. 당신은 어떤 가치를 제공할 수 있는가? 단순히 평균적인 수준의 전문성이나 평범한 아이디어로는 그들의 이목을 끌기 어렵다. 당신만의 전문성, 독창적인 아이디어, 희소한 정보, 혹은 당신만이 가진 새로운 관점? 당신의 '무기'를 날카롭게 갈고닦아 당신의 존재를 궁금해하고 만나고 싶게 만들어야 한다.

2단계, 당신의 '주요 무대'를 의도적으로 이동시켜라: 그들은 어디에 모이는가? 고급 세미나, 비공개 투자 포럼, 특정 스포츠 클럽, 명망 있는 자선 단체, 혹은 그들만이 아는 은밀한 사교 모임? 온라인이라면 어떤 플랫폼에서 그들의 목소리를 들을 수 있는가? 수동적으로 기다리지 말고, 적극적으로 정보를 탐색하고 그들의 영역으로 발을 들여놓아야 한다.

3단계, 그들의 '언어'와 '게임의 규칙'을 파악하라: 섣불리 나서서 드러내려 하지 마라. 당신은 아직 그 환경에 익숙하지 않은 사람일 뿐이다. 조용히 대화를 경청하고, 행동 패턴을 분석하며, 그들 사이에서 통용되는 암묵적인 코드와 문화를 학습해야 한다. 이러한 방식을 이해하지 못하면, 영원히 그들의 대화에 참여하기 어렵다.

4단계: 당신의 '가치'를 증명하고 강렬한 인상을 남겨라: 작은 기회가 왔을 때, 준비한 '카드'를 가장 효과적인 방식으로 제시해야 한다. 당신이 단순한 구경꾼이 아니라 함께 게임을 할 만한 가치가 있는 '플레이어'임을 인식시켜야 한다. 단 한 번의 인상 깊은 만남이 그들의 세계로 이끄는 결정적인 계기가 될 수 있다.

기억하라. 문을 억지로 두드리는 것이 아니라 문을 열어주도록 만들어야 한다. 그것이 바로 이 게임의 핵심이다.

모방은 창조의 어머니, 체화는 성공의 아버지다

단순히 겉모습이나 말투를 흉내 내는 것은 피상적인 모방일 뿐, 그것만으로는 운명을 바꾸는 결정적 한 수가 될 수 없다. 진정으로 목표로 해야 할 것은 그들의 사고방식과 행동 패턴, 그리고 성공 철학을 자신의 것으로 완전히 '체화'하여 자연스럽게 흘러나오도록 만드는 것이다. 이는 단순히 그들의 행동을 따라 하는 수준을 넘어, 그들이 세상을 해석하는 관점이나 내면의 핵심 동력까지도 자신의 것으로 흡수하고 재창조하는 것을 말한다. 이것은 가치관 자체가 성공 지향적으로 재정립되고, 무의식적인 선택과 습관마저도 이전과는 완전히 다른 근본적인 변화를 의미한다. 주의할 점은 롤모델을 정하고 그들의 모든 것을 분석하되 그것을 맹목적으로 추종하라는 것은 아니다. 비판적으로 수용하고 자신의 상황과 고유한 기질에 맞게 변형하여 적용해야 한다.

누군가의 성공스토리가 완벽한 정답지가 될 수 없다. 하지만 그것은 자신만의 성공 방정식을 만들어나가는 데 있어 그 어떤 교과서보다도 훌륭한 참고서가 될 수 있다. 그들의 성공과 실패 모두에서 교훈을 얻고 자신의 전략을 수정하고 발전시켜나가야 한다.

진정한 관계는 '필요'와 '가치' 위에서만 피어난다

많은 사람들이 그들의 네트워크에 편입되는 것 자체를 최종 목표로 삼는 실수를 범한다. 하지만 그것은 본질에서 벗어난 생각이다. '필요한 존재', '함께하고 싶은 매력적인 파트너'가 되었을 때 네트워크는 자연스럽게 당신을 중심으로 재편될 것이다.

일시적인 만남이나 피상적인 관계에 연연하지 마라. 우리가 추구해야 할 것은 지속 가능하고 함께 성장할 수 있는 전략적 파트너십이다. 그들의 전화번호를 당신의 연락처에 추가하는 것보다 훨씬 더 중요한 것은 그들이 먼저 당신의 전화번호를 궁금해하고 저장하고 싶게 만드는 것이다.

'성공한 사람들의 리그'는 더 이상 넘을 수 없는 견고한 장벽이 아니다. 철저한 자기 분석, 치밀한 전략, 그리고 대담한 실행력만 있다면, 얼마든지 그 세계로 성공적으로 진입할 수 있다. 우리는 이미 2부를 통해 세상이 돌아가는 복잡한 게임의 규칙을 알게 되었고, 승자들이 어떤 가면을 쓰고 어떤 비밀을 감추는지 간파했다.

이제 필요한 것은 단 하나, 직접 그 무대에 뛰어들어 당신의 존재 가치를 증명하고 그들의 코드를 읽어내어 마침내 그들 중 하나가, 아니 그를 뛰어넘는 존재가 되는 것이다.

그들의 세계에 성공적으로 안착했다면, 이제 그 안에서 성공을 폭발적으로 가속화할 더욱 강력한 힘이 필요하다. 그것은 바로 당신을 밀어주고 끌어줄 '보이지 않는 손', 즉 결정적인 조력자를 만드는 기술이다. 다음 장에서는 바로 그 방법에 대해 이야기할 것이다.

제16장: 휴먼 노드(The Human Node)

성공 로드맵을 채워줄 사람들
'보이지 않는 손'을 움직이는 기술

 혹시 애플의 스티브 잡스가 그저 차고에서 뚝딱 세상을 바꿀 아이디어를 떠올리고 혼자만의 힘으로 거대한 제국을 건설했다고 생각하는가? 아니면 마이크로소프트의 빌 게이츠가 오직 자신의 천재적인 코딩 능력만으로 정보화 시대를 열었다고 믿고 있는가?
 우리는 종종 성공한 사람들의 눈부신 업적만을 보며 그들의 비범한 개인적 능력에만 감탄하고 그 모든 것을 혼자 힘으로 이루었을 것이라고 착각하곤 한다. 하지만 그 화려한 성공 신화의 이면을 조금만 더 깊이 들여다보면 거의 예외 없이 그들의 결정적인 순간마다 보이지 않는 곳에서 그들을 밀어주고 끌어준 강력한 '조력자'들의 존재를 발견하게 된다.
 애플의 초창기 젊은 스티브 잡스에게 사업의 기틀을 마련해주고 결정적인 자금을 투자했던 마이크 마쿨라라는 이름의 '보이지 않는 손'이 없었다면 오늘날의 애플이 존재할 수 있었을까? 또한, 마이크로소프트의 빌 게이츠가 세계적인 투자가이자 현인으로 불리는 워렌 버핏과의 깊은 교류를 통해 사업적 통찰과 인생의 철학적 지혜를 얻지 못했다면 그가 단순히 성공한 기업가를 넘어 오늘날과 같은 존경받는 리더로 성장할 수 있었을까?

이처럼 때로는 현명한 조언으로 길을 밝혀주는 정신적 지주로서의 멘토의 모습으로, 때로는 막대한 자금 지원으로 날개를 달아주는 투자자의 모습으로, 혹은 결정적인 순간에 위기에서 구해내거나 누구도 열 수 없는 문을 열어주는 강력한 해결사의 모습으로, 그 '보이지 않는 손'은 언제나 성공의 결정적인 변곡점에서 그들과 함께했다.

그렇다. 아무리 똑똑하고 능력이 뛰어난 사람이라도 혼자만의 힘으로 이 거대한 세상과 맞서 싸워 모든 것을 쟁취하기란 거의 불가능에 가깝다. 지금껏 "나는 혼자서도 잘할 수 있어"라고 생각해왔다면, 혹은 "성공을 위해서는 오직 나의 능력만이 중요해"라고 믿어왔다면 이제 그 위험한 착각에서 벗어나야 한다. 성공을 위해서는 자신의 잠재력을 최대한으로 끌어올리고, 결정적인 순간에 승리로 이끌어줄 '보이지 않는 손'이 반드시 필요하다.

그렇다면 당신에게는 성공을 위해 기꺼이 손을 내밀어 줄 존재가 있는가? 만약 없다면 이제 절망하거나 포기할 것이 아니라 스스로 그 '보이지 않는 손'을 적극적으로 만들어야 한다. 그리고 성공을 위한 가장 강력한 '히든카드'로 활용해야 할 때다. 이것은 당신의 성공 네트워크를 설계하는 다섯 번째 무기, 휴먼 노드(The Human Node)를 관리하는 핵심 기술 중의 하나다. 이 장에서는 바로 그 누구도 쉽게 가르쳐주지 않는 그러나 성공한 소수만이 알고 있는 '조력자 확보 및 활용의 기술'에 대해 이야기할 것이다.

'축복받은 출발선' vs '만들어진 기회'

세상에는 태어날 때부터 강력한 후원자라는 '축복받은 출발선'에 서 있는 사람들이 분명 존재한다. 소위 '금수저'라 불리는 그들은 부모 세대가 평생을 바쳐 쌓아 올린 부와 명예 그리고 막강한 인맥을 아무런 노력 없이 상속받는다. 그들에게 후원자는 찾는 대상이 아니라 이미 수어진 환경 그 자체다.

하지만 이 책을 읽는 당신은 아마도 그런 축복과는 거리가 먼 평범한 출발선에 서 있을 가능성이 높다. 그렇다고 해서 실망하거나 좌절할 필요는 없다. 중요한 것은 후천적인 노력과 치밀한 전략을 통해 얼마든지 강력한 '보이지 않는 손'을 만들 수 있다는 사실이다. 그들의 후원자가 '상속'된 것이라면 당신의 후원자는 철저히 '설계'되고 '획득'되어야 한다. 이것은 결코 수동적으로 누군가의 자비로운 도움을 기다리는 과정이 아니다. 당신의 가치를 정확히 파악하고, 그것을 가장 효과적으로 어필하여 잠재적 후원자가 당신을 '선택'하도록 만드는 능동적이고 공격적인 쟁취의 과정이다. 이 것은 누군가의 자비를 구하는 수동적인 기다림이 아니라, 당신이라는 유망한 벤처기업의 가치를 알아보는 투자자에게 지분을 파는 치열한 협상에 가깝다.

누가 당신의 '보이지 않는 손'이 될 수 있는가

그렇다면 성공을 극적으로 도울 수 있는 잠재적 후원자는 과연 어떤 사람들일까? 그리고 그들은 어디에 숨어 있는 것일까?
첫째, 당신이 속한 분야의 '정상 포식자' 혹은 '살아있는 전설들'이다. 그들은 이미 당신이 도달하고자 하는 목표를 성취했으며 그 과정에서 축적한 막대한 경험, 지혜, 그리고 독보적인 네트워크를 가지고 있다. 그들의 날카로운 통찰력과 한마디 조언은 당신이 수많은 시행착오를 줄이고 성공으로 가는 지름길을 발견하게 해줄 수 있다.
둘째, 당신의 아이디어나 사업에 기꺼이 '돈'을 투자할 수 있는 '자본가들'이다. 자본은 당신이라는 씨앗을 싹 틔우고 거목으로 성장시키는 물과 햇볕이 될 수 있다. 엔젤 투자자, 벤처 캐피털리스트, 혹은 사모펀드 매니저 등 당신의 잠재력을 꿰뚫어 보고 과감한 투자를 결정할 수 있는 이들은 당신의 꿈을 현실로 만드는 데 가장 직접적인 도움을 줄 수 있다.

셋째, 사회적으로 강력한 '영향력'을 행사하며, 당신에게 필요한 '문'을 열어줄 수 있는 '권력자들'이다. 때로는 법이나 제도의 장벽이 혹은 보이지 않는 카르텔이 당신의 앞을 가로막을 수 있다. 이때 상층부에서 영향력을 행사하는 이들의 도움은 당신이 넘을 수 없을 것 같았던 장벽을 쉽게 넘게 만드는 결정적인 열쇠가 될 수 있다.

이들을 찾아내는 방법은 15장에서 다룬 '그들의 세계로 진입하기' 전략과 맞닿아 있다. 그들이 주로 활동하는 공간, 참여하는 행사, 혹은 그들과 연결될 수 있는 제3의 인물을 탐색하고, 목표를 정했다면 당신의 가치를 전달할 수 있는 가장 효과적인 접점을 만들어내어 전략적으로 다가간다.

당신의 '가치'를 팔아라: 돕고 싶게 만드는 기술

명심하라. 잠재적 조력자는 결코 자선사업가나 당신의 딱한 사정을 들어주는 상담사가 아니다. 그들이 당신에게 시간과 자원을 투자하는 이유는 단 하나, 당신에게서 그들 자신에게 돌아올 '무언가'를 보았기 때문이다. 그것이 직접적인 이익이든 혹은 자신의 대리만족이든 아니면 당신의 잠재력에 대한 기대감이든 말이다.

따라서 당신은 '동정심'이 아니라 그들의 '투자 본능' 혹은 '소유욕'을 자극해야 한다. 당신이 그들에게 제공할 수 있는 '가치'를 가장 매력적이고 설득력 있게 어필하는 것이 핵심이다. 당신에게 투자하게 만드는 핵심적인 매력은 다음과 같은 것들에서 나온다.

잠재력과 성장 가능성을 보여줘라: 당신이 현재 가진 것보다 미래에 얼마나 더 큰 존재가 될 수 있는지를 확실하게 각인시켜야 한다. 당신이라는 '원석'에 투자하여 미래의 '다이아몬드'가 될 가능성을 보여주는 것이다.

충성심과 흔들리지 않는 헌신을 보여줘라 (단, 전략적으로): 당신이 결코 그들의 신뢰를 배신하지 않을 것이라는 믿음을 주어야 한다. 물론, 이 충성심은 맹목적인 것이 아니라, 당신의 성공과 그들의 이익이 연계되어 있다는 계산하에 이루어져야 한다.

당신만의 희소가치나 존재감을 증명하라: 당신만이 제공할 수 있는 특별한 능력이나 매력이 상대방의 원초적인 욕망이나 감성을 자극하여 이성적인 판단을 넘어서는 강력한 무기가 된다.

그들의 가려운 곳을 긁어주는 해결사가 되어라: 권력자나 부자라고 해서 모든 것을 다 가졌다고 생각하면 오산이다. 그들에게도 반드시 해결하지 못한 고민이나 채우고 싶은 명예욕 같은 '약한 고리'가 존재한다. 당신은 그들에게 '가장 예리한 칼' 혹은 '가장 믿음직한 방패'가 되어 줄 수 있다.

그리고 이 모든 것을 더욱 빛나게 하는 것은 바로 진심으로 배우려는 당신의 유연한 자세이다. 이러한 태도는 당신을 단순한 후원 대상을 넘어 기꺼이 함께하고 싶은 진정한 파트너로 인식하게 만드는 결정적인 차이를 만들어낼 것이다.

단순한 도움을 넘어 '전략적 파트너십'으로

마침내 당신의 가치를 알아본 강력한 후원자를 확보했다면 이제 그들이 가진 힘을 당신의 성공 엔진으로 전환시켜야 한다. 하지만 이때 주의할 점은 단순히 일회성으로만 도움을 받거나 혹은 그들과의 관계에서 수동적인 자세를 취해서는 안 된다는 것이다. 당신이 추구해야 할 것은 그들과의 지속적이고 상호 발전적인 관계 즉 '전략적 파트너십'의 구축이다.

조력자는 당신을 절벽 위로 끌어올리는 강력한 지렛대이자 외부의 공격으로부터 당신을 보호하는 견고한 방패가 되어야 한다. 동시에 당신은 그들과 함께 야망을 실현하고 제국을 확장하는 데 있어 가장 날카롭고 효과적인 무기 중 하나가 되어야 한다.

세상의 모든 위대한 성공 뒤에는 그리고 역사를 바꾼 모든 결정적인 순간 뒤에는 항상 보이지 않는 강력한 손들의 움직임이 있었다. 이제 당신은 더 이상 혼자 힘으로 이 거대한 세상을 상대하려는 무모함을 버려야 한다. 적극적으로 당신의 성공을 위해 기꺼이 움직여줄 '보이지 않는 손'을 만들고 그 힘을 영리하게 활용하여 게임의 흐름을 당신에게 유리하게 바꾸는 기술을 익혀야 한다.

당신이 아직 출발선에서 망설이고 있다면, 지금 당장 해야 할 일은 당신의 레이스를 승리로 이끌어줄 가장 강력한 페이스메이커이자 숨겨진 조력자를 찾는 것이다. 그리고 그들을 움직이는 법을 배우는 것이다.

강력한 조력자라는 '보이지 않는 손'을 얻었다면, 이제 당신 자신이라는 '상품'의 가치를 시장에서 어떻게 최고가가 될 것인지 고민해야 한다. 다음 장에서는 바로 그 방법에 대해 이야기할 것이다.

제17장: 페르소나(Persona)

네임밸류 시대의 서막
당신의 이름에 모든 것을 걸어라

당신은 지금 어떤 명함을 가지고 있는가? 그 안에 새겨진 화려한 회사 로고와 번듯한 직함이 정말 당신이라는 사람의 가치를 온전히 대변한다고 생각하는가? 어쩌면 많은 직장인들이 자신도 모르게 조직이라는 거대한 배에 잠시 올라탄 채 그 배의 위용을 자신의 힘으로 착각하며 항해하고 있는지도 모른다. 화려한 조명이 자신을 비추는 동안에는 스스로가 빛나는 별이라고 믿지만, 조명이 꺼지고 무대 뒤로 물러서는 순간 비로소 깨닫게 되는 것이다. 사람들이 환호했던 것은 어쩌면 '나'라는 개인이 아니라 내가 쓰고 있던 '회사의 가면'이었을지도 모른다는 서늘한 진실을 말이다.

얼마 전 한때 업계에서 소위 '잘나가는 인물'로 통했던 A씨의 이야기는 이러한 현실을 극명하게 보여준다. 그는 국내 굴지의 대기업에서 핵심 부서를 거치며 승승장구했고 젊은 나이에 임원 직함까지 달았던, 그야말로 많은 이들이 부러워하는 '성공한 직장인'의 표본이었다. 그가 내미는 회사의 명함은 그 자체로 강력한 힘을 발휘했고 어딜 가든 사람들은 그의 이름과 직함 앞에서 깍듯하게 예의를 갖췄다. A씨 역시 그러한 자신의 모습에 취해 있었고 주변의 존경과 쏟아지는 특권이 오롯이 자신의 뛰어난 능력과 매력 덕분이라고 굳게 믿었다.

하지만 그 화려했던 무대 위에서의 시간은 예고 없이 끝났다. 어느 날 갑자기 불어닥친 '조직 개편'이라는 차가운 칼바람 앞에서 그는 한순간에 모든 것을 잃고 회사 문을 나서야 했다. 그의 어깨를 빛내던 임원 직함도 그의 손에 들려 있던 회사의 명함도 속절없이 사라졌다. 그리고 마치 약속이라도 한 듯 세상은 그에게 이전과는 전혀 다른 얼굴을 보여주기 시작했다. 어제까지 그토록 살갑게 굴며 온갖 아부를 떨던 후배들은 더 이상 그에게 안부 전화 한 통 하지 않았고, 한때 그의 전화 한 통이면 해결될 것 같았던 일들은 이제 아무리 애를 써도 문턱조차 넘기 어려웠다.

그는 그제야 뼈아픈 진실을 깨달았다. 사람들이 고개를 숙였던 것은 '그'라는 개인이 아니라 그가 입고 있던 '회사의 제복'이었음을, 그리고 자신이 누렸던 모든 것은 '나'라는 개인의 브랜드 가치가 아니라 그가 몸담았던 '회사의 브랜드'가 만들어낸 일시적인 환상이었음을 말이다. 그는 회사의 후광에 잠시 올라탄 이름 없는 그림자에 불과했다.

'직장인'으로 남을 것인가, '직업인'이 될 것인가

A씨의 이야기는 결코 남의 이야기가 아니다. 이것이 바로 당신이 그리고 이 시대를 살아가는 모든 직장인이 직시해야 할 냉혹한 현실이다. A씨가 느꼈을 그 깊은 허무함과 세상의 냉담함 앞에서, 한때 빛나던 그의 명함이 한낱 종잇조각으로 변해버린, 그 순간의 절망감을 당신이라고 비껴갈 수 있을까?

당신이 지금 아무리 이름 있는 회사에 다니고 제법 그럴듯한 직함을 가지고 있다고 해도, 그것이 영원히 당신의 가치를 보장해주지는 않는다. 당신은 지금 '회사형 인간'이라는 안전하지만 답답한 가면 뒤에 숨어, 자신의 진짜 가치를, 그 빛나는 날개를 스스로 꺾어내리고 있는 것은 아닌가? 평생직장이라는 개념이 먼 옛날이야기가 된 지금, 언제까지 회사가 당신의 방패막이가 되어줄 것이라고 믿으며 그 안온함 속에 안주할 것인가? A씨의 쓸쓸한 뒷모습이 어쩌면 당신의 미래 모습일지도 모른다는 서늘한 가능성을 외면하지 마라. 그 가능성 앞에서, 이제 당신은 어떤 선택을 할 것인가?

A씨의 경우는, 그가 자신의 분야에서 뛰어난 '직업인'이 아니라, 특정 회사에만 최적화된 '직장인'으로 남았기 때문에 발생했다. 이 둘의 차이는 무엇인가? '직장인'이란, 자신의 가치를 '회사'라는 이름과 직함에 의존하는 사람이다. 그는 회사의 시스템 안에서는 유능해 보이지만, 그 시스템을 떠나는 순간 자신의 이름만으로는 아무것도 할 수 없게 된다. 그는 조직의 부품이며, 그의 가치는 회사

의 후광이 사라지는 순간 함께 소멸된다. A씨가 바로 그랬다.

반면 '직업인'이란, 자신의 가치를 '회사'가 아닌, 자신의 '전문성'과 '이름' 자체에 두는 사람이다. 그는 회사를 자신의 능력을 발휘하고 성장하기 위한 '플랫폼'으로 활용할 뿐, 그곳에 종속되지 않는다. 회사를 떠나더라도, 그의 이름과 실력은 시장에서 여전히 통용되며, 그는 언제든 새로운 기회를 창출할 수 있다.

결국, 퍼스널 브랜드를 구축한다는 것은, '직장인'의 정체성을 버리고 '직업인'으로 거듭나는 과정이다. 회사의 이름이 아닌 당신의 이름 석 자에 모든 것을 거는 것이다.

'나'라는 독립 브랜드의 시대를 선언하라

이제 '회사형 인간'의 시대는 명백히 끝났다. 회사의 거대한 시스템 속 하나의 부품으로 안주하려는 자는 결국 소모되다가 아무런 준비 없이 세상에 내던져질 뿐이다. 당신은 더 이상 거대한 조직의 익명적인 존재가 아니라, 당신 이름 석 자 자체가 하나의 강력하고도 매력적인 '브랜드'가 되어야 한다. 독보적인 능력, 세상에 하나뿐인 경험, 확고한 철학, 그리고 대체 불가능한 스토리. 이것들이 바로 당신이라는 브랜드를 구성하는 핵심 자산이다.

그렇다면 어떻게 해야 하는가? 어떻게 해야 A씨와 같은 허무한 결말을 피하고 회사의 후광 없이도 아니 회사를 오히려 당신의 성공을 위한 영리한 발판으로 삼아, 이 치열한 시장에서 대체 불가능한 존재로 우뚝 서고 당신의 가치를 높일 수 있을까? 그 해답은 바로 '나'라는 상품의 가치를 당신 스스로 '디자인'하여 적극적으로 브랜딩하고 그 가치를 세상에 증명하는 데 있다.

당신이라는 상품의 '핵심 경쟁력'을 정확하게 정의하라: 당신은 무엇을 가장 잘하는가? 단순히 반복적인 기술이나 단편적인 지식을 넘어 당신만이 가진 '독창적인 아이디어와 세상을 꿰뚫는 통찰력'은 무엇인가? 당신은 주어진 문제에 대해 어떤 '비판적 사고'를 통해 남다른 해결책을 제시할 수 있는가? 감상적인 자기애나 근거 없는 자신감과는 거리를 둬라. 철저히 시장의 관점에서 당신의 강점과 약점 그리고 기회와 위협을 분석하여 당신만이 가진 가장 날카롭고 강력한 무기를 찾아내고 그것을 연마해야 한다. 이것이 바로 당신이라는 브랜드의 초석이다.

핵심 경쟁력을 바탕으로 당신을 브랜딩하라: 단순히 주어진 능력에 만족하거나 남들이 하는 스펙 쌓기에만 매달리는 것은 AI 시대에 현명하지 못한 선택이다. 시장이 열광하고 미래 사회가 더욱더 갈망할 당신만의 능력을 의도적으로 학습하고 개발해야 한다. 특히 인공지능이 인간의 많은 분석적, 반복적 업무를 대체할 이 시대에는, 기계가 결코 흉내 낼 수 없는 당신만의 인간적인 매력, 섬세한 공감 능력, 복잡한 문제를 해결하는 창의적인 접근 방식, 그리고 사람들을 이끌고 영감을 주는 리더십을 당신의 시그니처 가치로 만들어야 한다. 이러한 인간 고유의 역량이야말로 당신을 그 어떤 기술로도 대체 불가능한 존재로 만든다. 그리고 이 모든 것을 당신만의 독창적인 스토리로 엮어, 세상에 단 하나뿐인 당신이라는 강력한 브랜드를 구축하고, 그 브랜드의 가치를 끊임없이 혁신하며 높여나가야 한다.

당신의 브랜드를 '최고가'로 판매하라: 아무리 훌륭한 상품도 제대로 알리고 판매하지 못하면 창고에서 먼지만 쌓일 뿐이다. 당신을 가장 절실하게 필요로 하고, 당신의 가치를 가장 높게 평가해줄 타겟 시장을 정확히 설정하고, 그들에게 가장 효과적이고 매력적인 방식으로 당신을 포지셔닝하고 마케팅해야 한다. 이때, 단순히 능력만을 나열하는 것을 넘어, 인간적인 소통과 신뢰를 기반으로 한 관계 형성을 통해 '나'라는 브랜드 자체에 대한 강력한 호감을 구축해야 한다. 당신의 가치를 알아보는 곳에서, 최고의 대우를 받으며 당신의 능력을 마음껏 펼쳐라.

'나'라는 이름의 권력: 당신의 제국을 세워라

조직에 속해 있으면서도 자신의 이름이 브랜드가 되어 영향력을 행사하는 사람들이 있다. 가장 극명한 예가 바로 정상급 연예인들이다. 그들이 특정 작품에 출연한다는 소식만으로도 제작사의 가치가 급등하고 그들이 착용한 제품은 순식간에 품절 대란을 일으키기도 한다. 하지만 이것이 과연 연예인이나 소수의 특별한 천재들에게만 해당하는 이야기일까? 그렇지 않다. 누구나 자신의 분야에서 강력한 퍼스널 브랜드를 구축하여 영향력을 발휘할 수 있다.

한번 생각해보자. 어떤 분야에서 독보적인 전문성을 갖춘 인물이 있다고 가정할 때, 그가 특정 기업의 핵심 프로젝트에 합류한다는 소식만으로도 경쟁사들은 위협을 느낄 수 있다. 때로는 핵심 인재 한 명을 영입하는 것이 기업 전체의 시장 가치를 끌어올리는 결정적인 계기가 되기도 한다. 이처럼 조직에 소속되어 있으면서도, 개인의 뚜렷한 브랜드 가치를 구축하고 그 영향력을 발휘하는 것은 얼마든지 가능한 일이다.

핵심은 더 이상 회사나 조직이라는 시스템에 일방적으로 의존하거나 종속되는 것이 아니라, '나'라는 브랜드 자체가 하나의 독립적이고 강력한 가치 창출의 중심이 되어야 한다는 것이다. 당신의 이름만으로도 세상이 움직이고 당신의 가치는 곧 당신의 경제적 자유와 삶의 주도권을 결정짓는다. 이것이 바로 당신이 추구해야 할 회사의 경계를 넘어선 진정한 의미의 '나만의 제국'이자 '자유로운 삶'이다.

기억하라. 회사는 당신의 능력을 활용하여 이익을 추구하는 곳이지, 당신의 인생 전체를 책임져주는 자선단체가 아니다. 당신이 제공하는 가치가 회사의 이익보다 작아지는 순간, 언제든 새로운 인재로 대체될 수 있다는 사실을 한시도 잊어서는 안 된다.

당신의 가치는 오직 당신만이 결정한다

더 이상 회사의 가면 뒤에 숨어 안주하지 마라. 타인의 평가나 사회가 만들어놓은 낡은 기준에 당신의 가치를 맡기지도 마라. 당신의 잠재력은 당신이 생각하는 것보다 훨씬 더 거대하며, 그 가치를 디자인하고 실현하며, 세상에 그 가치를 최고가로 판매하는 것은 오롯이 당신의 몫이자 권리다.

'나'라는 상품을 끊임없이 업그레이드하여, 세상이 감히 무시할 수 없는 최고의 가치를 창출하라. 그리고 그 가치에 합당한 최고의 가격표를 당당하게 내밀어라. 경제적 독립을 넘어 자신만의 영역을 건설하고, 그 안에서 완전한 자유와 주도권을 누리는 삶, 그것이 바로 이 책이 당신에게 제시하는 '진짜 승리'의 모습이다.

우리는 3부의 여정을 통해 성공을 위한 강력한 3단계 로켓 추진체를 얻었다. 먼저 성공의 리그로 과감히 뛰어들어 그들의 공기를 마시고(15장), 그 안에서 당신을 밀어줄 강력한 동맹, 즉 '보이지 않는 손'을 확보했으며(16장), 마침내 누구에게도 의존하지 않는 당신만의 흔들리지 않는 '네임밸류'를 구축했다(17장). 이 3단계 전략이야말로, 당신을 이 불공평한 게임판 위에서 그저 순응하는 '말(piece)'에서, 규칙을 이해하고 활용하는 '플레이어(player)'로, 그리고 마침내 게임판 자체를 설계하고 주도하는 '주인(owner)'으로 거듭나게 하는 핵심 연금술이다. 특히 세 번째 추진체인 '네임밸류'는 당신이 손에 쥘 두 번째 무기, 페르소나(Persona) 그 자체라 할 수 있다.

 이렇게 자신만의 가치를 디자인하고 경제적 독립을 향해 나아간다면, 당신은 더 이상 세상이 정해준 각본대로 살아갈 필요가 없다. 다음 장에서는 바로 그 '각본 없는 인생'을 선택하고, 당신만의 이야기를 써 내려가는 방법에 대해 이야기할 것이다.

제18장: 룰 메이커(The Rule Maker)

각본 없는 인생을 선택하라
세상이 정해준 길 끝은 절벽이다

"좋은 대학에 들어가서 안정적인 대기업에 취직하고, 적당한 나이에 결혼해서 아이를 낳고, 그렇게 사는 것이 행복이다."

어디서 많이 들어본 이야기 아닌가? 이것은 마치 우리 사회에 보이지 않는 손에 의해 쓰인 거대한 인생 각본과도 같다. 부모님으로부터, 학교 선생님으로부터, 그리고 수많은 미디어를 통해 우리는 이 '모범 답안'을 끊임없이 주입받으며 성장한다. 그리고 대부분의 사람들은 심지어 스스로 주체적인 선택을 한다고 믿는 순간조차 결국 이 정해진 트랙 위를 성실하게 따라가려 애쓴다.

생각해보라. 명문대 합격증을 받아든 그 순간 혹은 모두가 부러워하는 대기업의 명함을 목에 건다면 그날 어쩌면 당신은 짜릿한 성취감과 함께 어렴풋한 안도감을 느낄지도 모른다. "이제 내 인생도 어느 정도 궤도에 올랐구나." 결혼이라는 관문을 통과할 때도 마찬가지다. 사랑하는 사람과 함께하는 미래를 꿈꾸며, 동시에 '남들처럼' 안정적인 가정을 꾸렸다는 사실에 안심한다.

하지만 바로 그 순간 자신도 모르는 사이에 인생의 보이지 않는 '가이드라인'이 설정된다. 앞으로의 소득 수준, 사회적 지위, 만나는 사람들의 범위 그리고 앞으로 살아갈 인생의 대략적인 경로까지 정해진다. 마치 잘 짜인 게임의 레벨 디자인처럼 당신의 삶은 예측 가능한 범위 내에 있게 된다. 당신은 자기 인생의 작가라고 믿겠지만 어느새 누군가 미리 써놓은 각본처럼 한계를 실감하게 될 것이다. 그리고 그 각본의 끝은, 과연 당신이 꿈꾸던 해피엔딩일까?

예측 가능함이라는 이름의 울타리, 그 너머의 현실

사회가 친절하게 안내하는 '안전한 길', '보장된 미래'라는 것은 사실 가장 치열한 경쟁이 벌어지는 레드오션이다. 이는 개인의 도전 정신을 무디게 하고 시스템에 순응하게 만드는 함정일 가능성이 높다. 모두가 비슷한 목표를 향해 달려가니 경쟁은 심해지고 그 과정에서 자신만의 잠재력은 제대로 발휘되지 못하고 희미해진다.

가령, 모두가 선망하는 대기업에 어렵사리 입사하여 꼬박 20년을 청춘과 맞바꾼다고 가정해보자. 신입사원 시절에는 제법 높은 연봉에 만족하고 주변의 부러움 섞인 시선에 어깨를 으쓱할 수도 있다.

하지만 시간이 흘러감에 따라 미래는 놀라울 정도로 예측 가능한 범위 안으로 수렴한다. 가령 초봉 5천만 원에서 시작하여 운 좋게 승진을 거듭해 20년 후 평균 연봉 1억, 최고 연봉 1억 5천만 원에 도달한다 해도, 그 기간 동안 벌어들일 수 있는 총소득은 대략 12억에서 15억 남짓이다.(물론, 이것도 꾸준히 성과를 내고 해고되지 않는다는 이상적인 가정하에서다.)

하지만 그 돈을 한 푼도 쓰지 않고 모을 수 있을까? 그 한정된 수입 안에서 결혼 자금을 마련하고 아이를 낳아 기르고 대학 교육까지 책임져야 한다. 매달 꼬박꼬박 빠져나가는 대출 이자와 필수 생활비, 각종 공과금을 내다보면 정작 자신을 위해 쓸 수 있는 돈은 얼마나 될까? 설령 정말 독하게 마음먹고 수입의 절반을 20년간 꼬박 저축한다고 해도 손에 쥘 수 있는 돈은 아파트 전세 하나 구하기도 빠듯한 수준일 가능성이 높다. 그리고 그 돈을 모으기 위해 20년 동안 사고 싶은 것, 하고 싶은 것, 다 참아가며 그야말로 '절약'을 미덕으로 삼는 빠듯한 삶을 살아야 할 것이다.

그렇게 앞만 보고 달려온 어느 날 거울 앞에서 희끗희끗해진 머리카락과 눈가의 주름을 발견하는 50대에 접어들었을 때 과연 어떤 감정을 느끼게 될까? 평생을 아끼고 참고 살아왔지만, 손에 쥔 것은 여전히 아파트 전세금 정도와 얼마 되지 않는 퇴직금 그리고 아직도 한참 남은 자녀 교육비와 노후 걱정뿐이라면? "이것이 내가 그토록 치열하게, 소위 잘나간다는 대기업에서 20년을 절약하며 살앗던 인생의 전부인가?" 하는 깊은 허무함과 함께 마치 정해진 결말을 맞이하며 절벽 앞에 선 듯한 아쉬움이 남지 않을까?

그런데 냉정하게 말해서 이마저도 소위 명문대를 졸업하고, 대기업 취업의 바늘구멍을 뚫은 '선택받은 자'들의 이야기다. 그들조차 이러한 예측 가능한 삶의 한계에서 자유롭지 못하다면, 좁은 길에 조차 발을 들여놓지 못한, 혹은 애초에 그럴 기회조차 주어지지 않은 사람들의 삶은 과연 어떻게 될까? 그들에게 '정해진 길'이란 어쩌면 처음부터 존재하지 않았거나 혹은 너무나 가파르고 험난하여 감히 오를 엄두조차 내지 못할 수도 있을 것이다.

불안정한 일자리, 천정부지로 치솟는 물가와 주거비, 그리고 아무리 노력해도 나아지지 않는 현실 앞에서 느끼는 깊은 절망감. 이것이 오늘날 수많은 청년세대가 마주한 진짜 세상의 민낯이다. 이러한 상황에서 '연애, 결혼, 출산'이라는 전통적인 인생의 과업들은 더 이상 축복이나 당연한 수순이 아니라, 감당하기 힘든 사치이자 또 다른 부담으로 여겨지는 것은 어쩌면 지극히 합리적인 판단일지도 모른다. '비혼'과 '저출산'이라는 사회 현상은 바로 이 희망 없는 각본에 대한 젊은 세대의 솔직한 응답인 동시에 가장 강력한 형태의 소극적 저항일 수 있다. 이것이 바로 사회가 제시하는 '안정적인 삶'이라는 각본의 결말이다.

하지만 더욱 경계해야 할 점은 이 '정해진 길'이 주는 예측 가능성과 안정감 이면에 숨겨진 또 다른 얼굴이다. 처음에는 그것이 주는 편안함과 만족감이 달콤하게 느껴질지 모르지만 시간이 지날수록 개인의 야망과 도전을 향한 열정을 식게 하는 정체된 환경이 될 수 있다. 특별한 배경이나 능력이 없는 대다수에게 이 길의 종착지는 결국 예측 가능한 범위 내의 결과에 머무를 가능성이 높다. 때로는 그 평범함이 안락함이라는 이름으로 포장되어 있지만 실은 개인의 잠재력이 충분히 발휘되지 못하고 점차 그 가능성이 줄어드는 길일 수 있음을 기억해야 한다.

시스템의 부품이 아닌, 삶의 주체로 서기

우리가 몸담고 있는 학교, 회사, 그리고 이 거대한 사회 시스템은 끊임없이 개인을 획일화하고 통제하며 자신들의 입맛에 맞는 순응적인 부품으로 만들려 한다. 정해진 규칙을 따르고 주어진 역할에 만족하며 시스템의 안정을 위협하는 어떤 돌출 행동도 하지 않는 '모범 시민'을 기대하는 것이다. 대학 졸업장이, 회사 직함이, 결혼 증명서가 마치 당신 인생의 가치를 증명하는 훈장처럼 여겨지도록 만든다.

하지만 이러한 시스템에 안주하는 것은 결국 당신의 소중한 시간과 에너지를 소모당하고 당신 삶의 주도권을 타인에게 넘겨주는 것과 다르지 않다. 언제까지 남들이 만들어 놓은 게임판 위에서, 그들이 정해놓은 불리한 규칙대로 수동적으로 움직일 것인가? 이제 그 '순응하는 부품'이라는 역할극을 멈추고, 시스템에 종속된 상태에서 벗어나 당신 자신의 의지대로 움직여야 할 때다. 시스템을 비판하고 거부하는 것을 넘어 시스템을 당신의 목적을 위한 도구로 '이용'하거나, 혹은 아예 시스템 '밖'으로 나아가 당신만의 새로운 판을 창조하는 대담함을 보여야 한다.

물론, 남들이 가지 않는 길, 아무도 그 끝을 알 수 없는 미지의 길을 선택하는 것은 엄청난 용기와 각오를 필요로 한다. 익숙한 것들과의 결별, 예측 불가능한 미래에 대한 두려움 그리고 주변 사람들의 우려까지도 감수해야 할지 모른다. 대학 졸업장이나 회사 직함이 보장해주던 최소한의 안정감마저도 포기해야 할 수 있다. 이 불안과 막막함은, 어쩌면 새로운 세계로 첫발을 내딛는 과정에서 마주해야 하는 지극히 자연스러운 감정일 것이다.

하지만 기억하라. 그 불확실성을 용기 있게 넘어선 바로 그곳에 마침내 찬란한 보상이 기다리고 있을지도 모른다는 것을. 모든 의미 있는 발견과 혁신은 바로 그 불확실성이라는 이름의 미지의 영역에서 시작되었다. 당신이 진정으로 원하는 삶, 남들과는 다른 특별한 성공, 그리고 세상에 주목받을 만한 당신만의 이야기는 결코 안전하고 뻔한 길 위에서는 찾아낼 수 없다. 때로는 실패의 위험을 기꺼이 감수하고, 끊임없이 새로운 것을 배우고 도전하며 자신만의 항로를 개척해나가는 '탐험가 정신'이야말로 이 시대의 진정한 생존 전략이다. 가장 큰 위험은 현실에 안주하는 것이며, 안전지대에 머무는 순간 당신의 성장은 멈추고 마치 누군가 써 놓은 각본처럼 삶의 한계를 실감하게 될 것이다.

삶의 무대에서 당신의 이야기를 펼쳐라

만일 성공이라는 꿈을 이루고 싶다면, 더 이상 타인의 기대나 사회적 압력이라는 보이지 않는 틀에 자신을 가두지 마라. 마음속 깊은 곳에서 울려 퍼지는 진정한 목소리에 귀를 기울이고, 진정으로 원하는 삶의 모습을 용기 있게 그려야 한다. 당신이 가진 강점, 열정 그리고 이 책을 통해 얻게 된 통찰력을 바탕으로 세상에 단 하나뿐인 자신만의 '성공스토리'를 직접 써 내려가라.

세상이 정해준 각본을 찢어버리는 용기. 이것이 바로 우리가 장착할 세 번째 무기, 룰 메이커(The Rule Maker)의 첫 번째 조건이다. 당신은 인생이라는 무대의 주인공이다. 그 대본은 자신의 손으로, 자신의 언어로 직접 써야 한다. 그 과정에서 때로는 홀로 길을 찾아야 하거나, 실패를 경험할지도 모른다. 하지만 그 모든 과정을 통해 내면의 힘을 키우는 것 또한 각본 없는 인생을 살아가는 이의 소중한 여정이다.

제19장: 룰 메이커(The Rule Maker)

불리한 판은 과감히 떠나라
기회가 없다면 새로운 게임을 설계하라

앞 장에서 우리는 세상이 정해준 각본을 찢어버릴 용기에 대해 이야기했다. 하지만 각본을 찢는 것만으로는 부족하다. 때로는 배우가 무대 자체를, 즉 불리한 판을 떠나야만 한다. 우리는 종종 이미 승패가 결정되었거나, 더 이상 어떤 가능성도 남아있지 않은 '불리한 판'에 미련을 버리지 못하고 머무르곤 한다. 익숙함이 주는 거짓된 안정감, 이미 쏟아부은 시간과 노력에 대한 아쉬움, 혹은 새로운 시작에 대한 막연한 두려움 때문일 것이다. 하지만 한정된 자원과 시간 속에서 의미 있는 성공을 추구한다면, 때로는 과감히 판을 떠나거나 새로운 판을 짜는 결단이 필요하다.

많은 사람이 더 이상 가능성이 보이지 않는 상황에서도 쉽게 떠나지 못하는 데에는 몇 가지 이유가 있다.

첫째는 '매몰 비용의 오류'다. 이미 너무 많은 시간과 에너지를 투자했기에, 포기하면 그 모든 것이 수포로 돌아간다는 생각에 사로잡히는 것이다. "조금만 더 하면 상황이 나아지지 않을까?"라는 기대를 버리지 못하는 것이다.

둘째는 '불확실성에 대한 공포'다. 익숙한 환경, 비록 그것이 만족스럽지 못할지라도, 거기서 벗어나 미지의 세계로 나아가는 것은 누구에게나 두려운 일이다. 새로운 도전에는 항상 실패의 위험이 따르기 마련이고, 그 실패가 가져올 결과에 대한 불안감이 현재 상황을 그나마 '안전한 선택'으로 여기게 만든다.

셋째는 '자기 정당화의 욕구'다. "끝까지 최선을 다해야 해"라는 사회적 통념이나 스스로 만들어낸 자아상이 객관적인 상황 판단과 합리적인 결정을 내리는 데 걸림돌이 되기도 한다. 실패를 두려워하고, 주변 사람들에게 비치는 모습을 걱정하며 계속해서 미련을 두는 것이다.

'버티는 것'만이 정답은 아니다

소위 '존버 정신'이라 불리는 무조건적인 인내와 버티기가 항상 미덕인 것은 아니다. 물론 목표를 향한 끈기와 인내는 성공의 중요한 요소임에 틀림없다. 하지만 그것은 어디까지나 '가능성이 있는 판' 위에서 유효한 이야기다. 이미 구조적으로 성공하기 어려운 게임 위에서 무작정 버티는 것은 현명한 선택이 아니다. 그것은 시간과 에너지의 낭비일 뿐이며, 더 나아가 새로운 기회를 포착할 소중한 시간마저 잃게 만든다.

때로는 과감하게 '손절'하는 용기가 필요하다. 이것은 가능성 없는 상황에 매몰되지 않고, 자신의 자원을 보다 생산적이고 가치 있는 곳에 투입하겠다는 냉철한 판단이자 적극적인 '위험 관리'다. 불리한 판임을 인지했다면 방향을 전환하여 새로운 출구를 찾는 것이 현명하다. 세상은 넓고, 도전할 기회는 얼마든지 존재한다.

언제 떠나고, 언제 새로 시작할 것인가

그렇다면 언제 기존의 판을 떠나야 하는지 어떻게 알 수 있을까? 여기에는 몇 가지 명확한 신호들이 있다. 첫째, 아무리 최선을 다해 노력해도 상황이 나아지지 않고 오히려 지속적으로 악화될 때. 투입되는 노력 대비 결과가 현저히 낮거나 마이너스일 때다. 둘째, 현재 상황이 자신의 핵심 가치와 충돌하거나, 장기적인 성장 가능성을 심각하게 저해하고 있다고 느껴질 때. 더 이상 발전할 것이 없다고 판단될 때도 포함된다. 셋째, 판의 기본 규칙 자체가 애초에 불공평하게 설정되어 있거나, 자신에게 극도로 불리하여 노력만으로는 도저히 극복할 수 없는 구조적 한계가 명확할 때다.

이러한 신호들을 감지했다면 변화를 모색해야 한다. 그리고 그 변화는 단순히 기존의 판을 떠나는 것에만 머물러서는 안 된다. 진정한 의미의 '게임 체인저'는 한 걸음 더 나아가, 자신이 간파한 세상의 작동 원리와 이전의 경험을 바탕으로 자신에게 가장 유리한 '새로운 판'을 스스로 '설계'하고 '창조'한다.

당신만의 규칙으로 판을 지배하라

남들이 만들어 놓은 불리한 게임 위에서, 그들이 정해놓은 규칙에 따라 수동적으로 플레이하는 대신, 이제 당신 스스로 새로운 게임의 창조자가 되어야 한다. 이미 1부와 2부를 통해 당신은 세상의 이면에 감춰진 진짜 작동 원리와 소수의 승자들이 어떻게 판을 읽고 자신들에게 유리한 고지를 점하는지 그 냉정한 게임의 법칙들을 이미 꿰뚫어 보았을 것이다. 바로 그 꿰뚫어 본 세상의 민낯과 승자들의 전략에 대한 당신의 통찰이야말로, 이제 당신이 자신만의 새로운 게임을 설계하는 가장 강력한 출발점이자 핵심 자산이 된다.

이는 단순히 새로운 사업 아이템을 찾거나 다른 직업으로 옮기라는 말이 아니다. 이것은 세상을 바라보는 관점, 문제를 해결하는 방식, 성공을 정의하고 추구하는 방법, 그리고 궁극적으로 삶 전체를 자신의 의지와 철학에 따라 주체적으로 재구성하는 것을 의미한다.

새로운 판을 짜기 위해서는 무엇이 필요할까? 첫째, 세상의 이면과 기존 시스템의 허점을 꿰뚫어 보는 날카로운 '통찰력'이다. 둘째, 모든 불확실성을 무릅쓰고 자신의 비전을 밀어붙이는 '용기'와 '자기 확신'이다. 셋째, 추상적인 아이디어를 구체적인 현실로 만들어내는 강력한 '실행력'과 문제 해결 능력이다. 이 세 가지 요소가 결합될 때, 당신은 비로소 남들이 만들어 놓은 게임의 관객이 아니라, 자신이 설계한 게임의 주인공이자 지배자가 될 수 있다.

직접 설계한 새로운 판은 필연적으로 기존의 낡은 질서나 관행에 도전하는 '창조적 파괴'를 동반하기 마련이다. 새로운 시도는 누군가에게는 불편함으로 다가갈 수 있고, 때로는 기존 방식에 익숙한 이들의 저항에 부딪힐 수도 있다. 이때 당신을 지탱하는 가장 강력한 무기는 바로 당신이 설계한 새로운 판과 그것이 가져올 미래에 대한 흔들림 없는 '비전과 확신'이다. 스스로의 판단과 가능성을 믿고 꿋꿋이 나아가는 그 굳건한 믿음이야말로 모든 외부의 저항과 내부의 불안을 잠재우고 당신의 길을 개척하는 핵심 동력이 되기 때문이다.

이제 선택은 당신의 몫이다

낡은 규칙과 세상의 기만에 순응하며 불리한 판의 희생양이 될 것인가, 아니면 이 모든 것을 간파하고 당신만의 새로운 판을 창조하여 게임의 주인으로 우뚝 설 것인가? 불리한 판을 인지하고 떠나는 결단, 그리고 새로운 판을 창조하는 설계 능력이야말로 룰 메이커(The Rule Maker)의 진정한 힘이다. '판을 바꾼다'는 것의 진정한 의미는 단순한 반항이나 무의미한 파괴가 아니라, 세상의 불편한 진실을 활용하고, 각자의 가능성을 실현하며, 궁극적으로 자신만의 방식으로 승리하는 '창조적 재구성'임을 기억해야 한다. 당신이 직접 설계한 그 새로운 게임판 위에서, 당신은 더 이상 세상의 평가에 일희일비하는 존재가 아닌, 스스로 만족할 수 있는 결과를 만들어내는 주체적인 플레이어가 될 것이다.

제20장: 알파 엔진(The Alpha Engine)

도덕이라는 우아한 틀을 넘어서
때로는 경계를 넘어야 기회가 보인다

"착하게 살면 복 받는다."
"정직이 최선의 방책이며, 선한 의도는 결국 승리한다."

우리는 얼마나 오랫동안 이 순수해 보이는 주문에 스스로를 가두어 왔는가? 마치 보이지 않는 존재가 우리의 모든 선행을 기록하고 그에 합당한 보상을 내려줄 것이라고 믿는 어린아이처럼 말이다. 제3장에서 우리는 이미 '도덕'이라는 것이 얼마나 사회적 통제와 기득권 유지를 위해 때로는 정교하게 작동하는지, 그리고 개인의 선량함이 어떻게 이용당할 수 있는지 그 이면을 살펴보았다.

하지만 아직도 많은 사람들이 이 '도덕'이라는 이름의 보이지 않는 틀 안에서 벗어나지 못하고 있다. 그들은 스스로에게 "나는 도덕적인 사람이어야 한다"는 제약을 걸고, 세상이 만들어 놓은 '이상적 인간상'이라는 이미지에 자신을 끼워 맞추려 애쓴다. 그 결과, 눈앞에 다가온 좋은 기회를 놓치고, 경쟁에서 뒤처지며, 때로는 안타까운 결과를 맞이하기도 한다. 과연 도덕은 항상 당신을 보호하는 방패일까, 아니면 당신의 가능성을 제한하고 본능적인 추진력을 약화시키는 보이지 않는 제약일까? 때로는 그 제약을 과감히 넘어서야만 비로소 진짜 기회의 문이 열리기 시작한다는 점을 인정해야 한다.

'이상적 인간상'이라는 허상

사회는 끊임없이 우리에게 완벽하고 이타적이며, 흠결 하나 없는 '이상적 인간상'을 제시한다. 마치 모든 사람이 성인군자처럼 살아야 한다고 이야기하는 듯하다. 하지만 현실을 둘러보라. 당신이 그토록 부러워하고 열망하는 성공을 거머쥔 사람들 중에서, 과연 몇이나 이 비현실적인 '이상적 인간상'에 정확히 부합하는 삶을 살고 있는가?

오히려 그들 중 상당수는 이 이상적인 이미지를 영리하게 활용하여 자신을 포장하거나, 혹은 처음부터 그러한 관념적인 틀에 얽매이지 않고 자신의 목표에 충실했을 가능성이 높다. 그들은 알고 있다. 흠결 없이 고결한 인물은 존경의 대상이 될지는 몰라도, 이 치열하고 냉정한 현실의 게임에서 최종적인 성공을 거머쥐기는 지극히 어렵다는 사실을. 당신은 존경받는 이상주의자로 남을 것인가, 아니면 다소 비판을 받을지언정 원하는 것을 성취하는 현실주의자가 될 것인가?

도덕성의 역설: 어떻게 당신의 결정적인 약점이 되는가

지나치게 예민한 도덕적 기준이나, 때와 장소를 가리지 않고 발동하는 양심의 가책은 당신의 날카로운 판단력을 흐리게 만들고, 결정적인 순간에 당신의 발목을 잡는 의외의 약점이 될 수 있다. "이것이 과연 전적으로 옳은 일일까?", "누군가에게 조금이라도 피해를 주는 것은 아닐까?", "정정당당한 방법이 아니라면 의미가 없어." 이러한 고민들이 때로는 순수한 자기 성찰이 아니라, 행동을 주저하게 만드는 자기기만으로 작용할 수도 있다.

당신이 그렇게 망설이고 숙고하는 동안, 당신의 경쟁자들은 이미 당신의 기회를 가져가 저만치 앞서 달려가고 있을지 모른다. 그들은 당신처럼 '정정당당함'이라는 명분에만 얽매이지 않을 수 있다. 그들에게 중요한 것은 오직 '승리'라는 결과이며, 그 과정에서 약간의 규범 위반이나 관행을 벗어나는 시도는 얼마든지 용인되는 '전략'의 일부로 간주된다.. 경쟁은 때로 정글과도 같다. 이러한 환경에서 이상적인 원칙만을 고수하는 것은 현실 감각이 부족한 행동으로 비칠 수 있다. 당신이 '착한 사람'이라는 틀에 갇혀 머뭇거리는 순간, 세상은 당신의 그러한 망설임을 이용하여 당신을 불리한 위치에 놓이게 할 수 있다. 그들이 당신에게 "정정당당하게 규칙을 지키며 경쟁하자"고 말할 때, 그것은 이미 그들만의 유리한 게임을 시작했다는 신호일지도 모른다.

'선택적 도덕성' 혹은 '전략적 유연성'

그렇다면 이 가면 뒤의 진짜 게임에서 유리한 고지를 점하는 사람들은 과연 어떤 비밀을 가지고 있는 것일까? 그들은 당신처럼 모든 상황에서 동일한 도덕적 잣대를 경직되게 적용하지 않을 수 있다. 오히려 그들은 자신의 목표 달성에 유리한 상황에서는 누구보다 더 규범적인 모습을 보이며 신뢰를 얻지만, 그것이 자신의 핵심 이익과 충돌하는 순간에는 과감히 그 틀에서 벗어나 기존의 도덕률을 상황에 맞게 재해석하거나 전략적으로 다른 기준을 적용하는 '선택적 도덕성' 혹은 '전략적 유연성'을 발휘한다.

이것은 단순한 이중성이나 기회주의적 위선으로만 치부할 수 없는 문제다. 이것이야말로 냉혹한 현실에서 살아남고, 경쟁자들을 앞서가며, 궁극적으로 원하는 바를 이루기 위한 고도의 '생존 전략'이자 '상황 대처 기술'이다. 모든 규칙을 성실하게 지키는 모범생은 칭찬을 받겠지만, 때로는 규칙의 경계를 탐색하거나 자신만의 해법을 만들어내는 도전적인 인물이 게임의 판도를 바꾸고 더 큰 성과를 얻기도 한다. 당신은 과연 어떤 길을 선택할 것인가? 이 책은 당신에게 무조건 착하게 살라고 말하지 않는다. 다만, 성공한 사람들 중 일부는 이렇게 행동하며, 이것이 바로 당신이 외면하고 싶었을지 모르는 세상의 또 다른 모습이라고 이야기할 뿐이다.

이 현실을 어떻게 받아들이고 당신의 전략으로 삼을 것인지는 전적으로 당신의 판단에 달려있다.

도덕적 우월감이라는 자기만족에서 벗어나라

혹시 당신은 자신이 남들보다 더 도덕적이고 양심적이라는 생각에 안주하고 있지는 않은가? 그리고 그러한 도덕적 우월감이 당신에게 어떤 실질적인 이익을 가져다줄 것이라고 기대하고 있지는 않은가? 만약 그렇다면, 당신은 매우 안일한 자기만족에 빠진 것일 수 있다.

세상은 당신의 '선한 의도'나 '높은 도덕성' 그 자체에 큰 관심을 두지 않으며, 그것만으로 어떤 보상을 약속하지도 않는다. 오직 당신이 만들어내는 '결과'만이 당신의 가치를 현실적으로 증명하고, 당신에게 영향력을 가져다줄 뿐이다. 때로는 관행을 벗어난 방식으로 얻어낸 성공이, 원칙만을 고집한 미미한 결과보다 훨씬 더 강력한 파급력을 행사하고, 심지어 시간이 지나면 그 과정에 대한 평가마저도 달라질 수 있다는 불편한 현실을 우리는 종종 목격한다. 당신의 고결함이 당신의 경제적 어려움을 해결해주지는 않으며, 승자의 이야기는 어떻게든 그럴듯하게 꾸며지기 마련이다.

'진정한 자유'와 '새로운 기회'를 향하여

이제 더 이상 사회가 만들어 놓은 '도덕'이라는 이름의 보이지 않는 틀에 당신 스스로를 가두지 마라. 그 우아해 보이는 벽들은 사실 당신의 잠재력 발휘를 가로막고, 당신의 야망을 위축시키며, 당신을 평생 시스템의 예측 가능한 범위 내에 머무르게 만드는 제약 조건에 불과할 수 있다.

기존의 도덕적 기준이나 사회적 통념을 비판적으로 검토하고 때로는 과감히 넘어서는 선택이, 당신에게 상상 이상의 기회와 성공을 가져다줄 수 있다는 사실을 받아들여라. 물론, 그 모든 선택에 대한 책임은 온전히 당신 자신의 몫이다. 하지만 기억하라. 중요한 것은 맹목적으로 낡은 도덕률을 따르는 것이 아니라, 당신의 '원대한 목표'를 달성하기 위한 가장 '효율적이고 현실적인' 방법을 고민하고 선택하며 실행하는 것이다. 이것이 바로 이 책이 당신에게 제시하는 냉혹하지만 실질적인 성공의 한 단면이다. 이렇게 도덕이라는 심리적 제약을 해제하는 것이야말로, 당신의 모든 것을 에너지로 전환하는 네 번째 무기, 알파 엔진(The Alpha Engine)을 최대 출력으로 가동하기 위한 선행 조건이다.

도덕이라는 이름의 무거운 부담감마저도 벗어던지고 유연하게 사고할 각오가 되었다면, 당신은 이제 당신이 가진 모든 것, 심지어 당신의 몸과 마음, 더 나아가 영혼까지도 성공을 위한 강력한 자원으로 활용할 준비가 된 것이다. 다음 장에서는 바로 당신의 몸과 마음, 심지어 영혼까지도 가장 강력한 자원으로 활용하여 원하는 것을 얻어내는, 그 궁극의 거래 기술에 대해 이야기할 것이다.

제21장: 딥 커버(Deep Cover)

경계를 허무는 승리자들의 비밀
세상이 당신에게 숨기는 '이면의 기술'

우리는 흔히 성공을 반듯한 길 위에서 정직한 땀방울로 일궈내는 값진 결실로 여긴다. 미디어가 찬양하고 대중이 열광하는 성공 스토리들은 대부분 그런 모습들이다. 하지만 우리도 어렴풋이 느끼고 있지 않은가? 그 아름다운 무대 뒤편에는 우리가 애써 외면하는 또 다른 일들이 벌어지고 있다는 것을. 그곳에서는 기존의 규칙이나 도덕의 경계선을 아슬아슬하게 넘나들며, 더 높은 곳으로 뛰어오르는 자들이 존재한다.

일반적인 성공 공식의 길은 대부분 좁으면서도 경쟁은 치열하다. 그 길 위에서 선을 넘나들며 성공을 거머쥐는 자들이 존재하는 것은 엄연한 현실이다. 그들은 종종 일반적인 방식과는 다른 방식으로 자신들의 성공을 쟁취한다. 이 장에서는 바로 이처럼 '경계를 허무는 승리자들'의 생존 방식과 성공의 이면 기술을 파헤치려 한다. 물론, 그들의 모든 방식을 맹목적으로 따르라는 이야기는 결코 아니다. 다만, 그들의 위험한 지혜 속에서 우리가 원하는 것을 얻기 위해 무엇을 배우고 경계해야 하는지 냉철하게 탐구해 보자는 것이다.

왜 '경계를 허무는 자들'은 종종 모든 것을 가지는가

그들이 기존의 질서 속에서 안주하는 이들을 비웃기라도 하듯 놀라운 성공을 거머쥐는 이유는 무엇일까?

첫째, 그들은 사회가 씌워놓은 '도덕적 우등생'이라는 답답한 가면이나 '착한 사람'이라는 역할 기대에 스스로를 가두지 않는다. 그들에게 도덕이란 때로는 목표 달성을 가로막는 장애물이거나, 혹은 대중을 움직이기 위해 교묘하게 활용해야 할 도구일 뿐이다.

둘째, 그들은 '과정의 아름다움'이나 '노력의 신성함' 같은 허울 좋은 명분에 집착하여 실리를 놓치는 어리석음을 범하지 않는다. 오직 '결과'만이 모든 것을 증명한다고 믿으며, 그 결과를 만들어내기 위해서라면 남들이 주저하는 가장 효율적이고 때로는 논란의 여지가 있는 방법까지도 과감히 선택한다.

셋째, 그들은 인간 본성의 가장 깊은 곳에 숨겨진 욕망과 두려움, 그리고 사회 시스템의 보이지 않는 허점을 누구보다 날카롭게 꿰뚫어 보고, 그것을 자신의 이익을 극대화하는 데 치밀하게 활용한다.

마지막으로, 그들은 종종 예측 불가능한 행동과 강력한 자기 확신을 통해 자신만의 독보적인 존재감을 드러내며, 이를 통해 대중의 시선을 사로잡거나 상황의 주도권을 자신에게 유리하게 가져온다.

이러한 요소들이 그들을 기존의 틀에 갇혀 안전한 길만을 고집하는 대다수의 사람들과 결정적으로 구분 짓는다. 우리는 그들의 성공을 보며 그저 '운이 좋았다'거나 '수단이 비열했다'고 쉽게 단정지을 수 있다. 하지만 그 이면에 숨겨진, 세상의 시스템을 역이용한 그들만의 생존 전략과 현실적인 게임의 법칙을 읽어내지 못한다면, 우리는 평생 이 불리한 게임에서 벗어나지 못하고, , 결국에는 그들의 성공을 멀리서 부러워하거나 손가락질하는 구경꾼으로 남게 될 것이다.

그들의 '이면의 기술'에서 무엇을 배울 것인가

그렇다면 우리는 이처럼 경계를 허물며 성공을 쟁취하는 이들에게서 무엇을 배우고, 어떻게 우리 삶에 '선택적으로' 적용할 수 있을까? 그들의 모든 것을 미화하거나 모방하라는 것이 아니다. 다만, 그들의 사고방식과 전략에서 우리가 이 불공평한 세상에서 살아남고 원하는 것을 얻기 위해 필요한 역설적인 지혜와 통찰의 조각들을 발견하자는 것이다.

현실을 있는 그대로 보는 냉철함: 이것은 모든 감상적인 기대를 폐기하고, 세상과 인간의 본성을 벌거벗은 그대로 받아들이는 태도다. 그들은 세상이 결코 친절하지 않다는 현실을 알기에 헛된 환상에 시간을 낭비하지 않는다. 그들의 모든 움직임은 오직 현실적인 이익과 냉정한 계산에 기반한다.

목표를 향한 흔들림 없는 집념과 대담한 실행: 한번 목표를 설정하면, 그들은 주변의 소음이나 반대 의견에 흔들리지 않는다. 때로는 계산된 위험을 감수하면서까지 목표를 향해 나아가는 추진력, 그것이 그들의 무기다. 완벽한 준비를 기다리며 시간을 낭비하기보다, 불완전하더라도 먼저 실행하고 수정하는 방식을 택한다.

인간 심리에 대한 깊은 이해와 전략적 활용: 그들은 타인의 숨겨진 욕망, 불안감, 허영심을 정확히 읽어낸다. 그리고 그것을 자신의 목표를 위한 지렛대로 활용할 줄 안다. 이것은 일방적인 설득이 아니다. 상대방의 필요와 심리를 자극하여 스스로 움직이게 만드는 고도의 기술에 가깝다.

낡은 규칙과 권위에 대한 비판적 사고와 유연한 대응: 그들은 세상이 당연하게 여기는 규칙이나 시스템의 허점을 발견한다. 그리고 그것을 자신에게 유리한 방식으로 재해석하여 적용하는 창의성을 가졌다. 그들은 주어진 판 위에서 수동적으로 움직이는 플레이어가 아니다. 판 자체를 바꾸거나 새로운 판을 설계하는 것을 궁극적인 목표로 한다.

상황을 주도하는 자기 확신과 내적 통제력: 주변의 평가나 시선에 쉽게 위축되지 않는 단단한 자아. 그들은 스스로의 판단과 능력을 신뢰하며, 이것이 그들의 대담한 행동과 결정을 뒷받침하는 중요한 힘이 된다.

당신의 성공 방정식을 다시 써라

이처럼 세상이 공식적으로 가르쳐주지 않는 '이면의 기술'들은 분명 강력한 힘을 지녔다. 그렇기에 그것을 다루는 데는 그저 어설프게 모방하는 것을 넘어, 날카로운 판단력과 주체적인 자기 확신이 필요하다. 중요한 것은 이 지혜들을 맹목적으로 받아들이거나 그 방식에 완전히 동화되는 것이 아니라, 우리 자신의 가치관과 궁극적인 목표라는 필터를 통해 '선택적으로' 그리고 '전략적으로' 취사선택하여 활용하는 것이다.

그들의 냉철한 현실 인식과 목표를 향한 불굴의 집념은 적극적으로 받아들여 우리의 무기로 삼을 수 있다. 기존의 틀에 갇히지 않는 유연한 사고와, 때로는 논란을 두려워하지 않는 대담한 실행력 또한 우리의 성공을 위한 강력한 동력이 될 수 있다. 하지만 기억해야 할 것은, 이 모든 것이 우리의 삶을 더 풍요롭게 하고 우리의 의지를 실현하기 위한 '도구'라는 점이다. 도구의 힘에 매몰되어 스스로를 잃어버리거나, 단기적인 이익에 눈이 멀어 장기적인 파멸을 자초하는 어리석음을 범해서는 안 된다. 이 책에서 말하는 '선을 넘는' 지혜란, 무분별한 파괴나 타인에 대한 악의적인 착취가 아니라, 기존의 한계와 통념을 뛰어넘어 자신만의 성공을 창조하기 위한 의식적이고도 대담한 선택과 기술이다.

세상의 어두운 단면과 그곳에서 통용되는 생존 방식을 이해하는 것은, 우리를 그 어둠에 물들게 하기 위함이 아니다. 오히려 그 작동 원리를 명확히 인지함으로써, 우리는 순진한 이상주의의 함정에서 벗어나 이 불공평한 게임의 현실을 직시하고, 보다 현실적이고 강력한 플레이어로 거듭날 수 있기 때문이다. 부디 이 금지된 것처럼 보였던 영역에서의 탐구가 우리에게 세상을 꿰뚫어 보는 또 다른 날카로운 시각을 제공하고, 각자의 성공 신화를 거침없이, 그리고 무엇보다 '자기답게' 써 내려가는 데 대담하고도 창의적인 영감을 주기를 바란다. 이러한 이면의 기술을 이해하고 활용하는 것은, 첫 번째 무기인 딥 커버(Deep Cover)의 능력을 심화시키는 과정이기도 하다.

제22장: 알파 엔진(The Alpha Engine)

나의 모든 것이 밑천이다
기회를 창조하는 결정적 와일드카드

"나는 가진 것이 아무것도 없어."
"흙수저인 내가 성공할 수 있는 방법이 과연 있을까?"

혹시 당신도 이런 무력한 생각에 사로잡혀 스스로를 과소평가하고 있지는 않은가? 만약 그렇다면, 당신은 아직 세상이라는 거대한 게임의 장을 지배하는 진짜 규칙을 깨닫지 못한 것이다. 당신은 이미 수많은 카드를 손에 쥐고 있다. 당신의 존재 자체가 바로 그 카드다. 다만, 그것을 어떻게 성공을 위한 예리한 무기로 갈고닦아, 어느 결정적인 순간에 과감히 던져야 하는지를 배우지 못했을 뿐이다.

우리는 이미 알게 모르게 자신의 많은 것을 일종의 '교환'을 통해 얻으며 살아가고 있다. 매일 아침 회사에 출근하여 당신의 시간과 노동력을 월급과 맞바꾸고, 타인의 인정을 받기 위해 당신의 감정을 사용하며, 더 나은 기회를 얻기 위해 때로는 자존심마저도 전략적으로 접어두기도 한다. 이제 그 익숙한 생각의 틀을 벗어던지고, 당신이 가진 모든 것 - 당신의 시간, 에너지, 감정, 자존심, 지식, 경험, 그리고 때로는 당신의 젊음과 외모라는 '매력 자본'까지도 - 이 성공을 위한 강력한 '밑천'이 될 수 있다는 냉정한 현실을 정면으로 마주하라. 당신이 생각하는 것보다 훨씬 더 많은, 그리고 훨씬 더 강력한 '활용 가능한 자산'이 당신 안에, 그리고 당신 자체에 잠자고 있다. 지금부터 우리는 네 번째 무기, 당신 존재 자체를 성공의 동력으로 삼는 알파 엔진(The Alpha Engine)을 본격적으로 다룰 것이다.

'자기 활용' 스펙트럼의 무한 확장

성공을 위한 밑천은 결코 당신의 통장 잔고나 화려한 학력, 혹은 번듯한 직함에만 국한되지 않는다. 당신의 존재를 구성하는 모든 것, 눈에 보이는 것부터 보이지 않는 것까지, 심지어 사회가 금기시하거나 당신 스스로 약점이라 여겼던 것들마저도, 이 냉혹한 시장에서는 당신의 성공을 위한 결정적인 '자산'이자 '와일드카드'가 될 수 있다는 사실을 깨달아야 한다.

당신의 '매력 자본'을 극한까지 활용하라: 당신의 외모, 젊음, 타고난 카리스마, 사람을 끌어당기는 유머 감각, 혹은 특별한 분위기나 신체적 매력까지도. 이것들은 때로 그 어떤 스펙보다 강력한 무기가 되어, 당신에게 상상 이상의 기회의 문을 열어줄 수 있다. 중요한 것은 이것이 일시적인 유혹의 수단이 아니라, 당신이 한 단계 도약하기 위한 전략적 발판이 되어야 한다는 점이다.

'감정'과 '자존심'마저도 전략적으로 투자하라: 순진하게 당신의 진심만을 내세워서는 아무것도 얻을 수 없는 세상이다. 때로는 당신의 감정 표현 하나하나, 공감하는 표정마저도 타인의 마음을 얻거나, 원하는 반응을 이끌어내며, 당신에게 유리한 상황을 조성하기 위한 철저히 계산된 '감정 투자'의 대상이 될 수 있다. 자존심? 그것은 성공한 후에나 챙겨도 늦지 않다. 지금은 그것마저도 당신의 목표를 위한 밑천으로 활용할 수 있어야 한다.

'충성심'과 '헌신'은 가장 가치 있는 곳에만 바쳐라: 맹목적인 충성은 그저 값싼 소모품으로 취급받을 뿐이다. 당신의 충성심과 헌신은 그것의 가치를 정확히 알아보고 확실하게 보상해 줄 수 있는 강력한 인물이나 조직에게만, 그것도 당신의 도약을 위한 명확한 계산 하에 '투자'되어야 한다. 당신의 희생은 반드시 몇 배의 이익과 성장으로 돌아와야 한다.

자원은 승리가 확실한 곳에만 집중 투입하라: 의미 없는 관계나 승산 없는 일에 당신의 귀중한 자원을 낭비하는 것은 어리석은 짓이다. 당신의 모든 시간과 에너지는 오직 당신의 목표 달성에 직접적으로 기여하고, 당신을 다음 단계로 도약시킬 수 있는 곳에만, 그것도 가장 효율적인 방식으로 투입되어야 한다.

당신의 미소 한 번, 눈물 한 방울, 칭찬 한마디, 전략적인 침묵이나 의도된 거리감, 심지어 사회가 손가락질할지도 모르는 당신의 과거 상처나 결핍까지도, 이 모든 것이 당신의 성공을 위한 계산된 게임의 일부이자 강력한 와일드카드가 될 수 있다. 예컨대, 과거의 쓰라린 실패 경험이 오히려 당신에게 '불굴의 의지'라는 스토리를 부여하고, 비슷한 어려움을 겪는 이들에게 깊은 공감을 얻어내며 그들을 당신의 강력한 지지자로 만드는 예상치 못한 무기가 될 수 있는 것처럼 말이다. 당신은 이미 그 모든 것을 가지고 있다. 다만, 그것을 어떻게 갈고닦아 날카로운 무기로 만들 것인지, 그리고 어느 결정적인 순간에, 어떤 방식으로 던져야 하는지를 알지 못했을 뿐이다.

경계라는 이름의 아슬아슬한 줄타기

사회가 그어놓은 수많은 '선'들 - 도덕적 규범, 윤리적 기준, 때로는 법적인 회색지대까지 - 과연 이것들은 우리가 반드시 지켜야 할 절대적인 가치일까, 아니면 시대와 상황, 그리고 힘의 논리에 따라 얼마든지 다르게 해석되거나 적용될 수 있는 상대적인 개념일 뿐일까? 우리는 이미 20장에서 '도덕이라는 이름의 보이지 않는 틀'에 대해 이야기했다. 성공한 사람들, 특히 세상을 자신의 의지대로 움직이는 소수의 사람들은 종종 이 '선'의 경계를 유연하게 넘나들거나, 혹은 기존의 틀을 새롭게 해석함으로써 남들이 감히 상상조차 할 수 없는 기회를 포착하고 결과를 창조해낸다. 그들에게 '선'이란 무조건 지켜야 할 것이 아니라, 때로는 이용하거나 혹은 뛰어넘어야 할 하나의 조건일지도 모른다.

하지만 여기서 분명히 해둘 것이 있다. 이 책에서 말하는 '선'이란 결코 타인에게 피해를 입히거나 법의 테두리를 넘어서는 무모한 행위까지 정당화하는 것이 아니다. 진정한 의미의 강자들은 아슬아슬한 경계 위에서 춤을 추면서도, 최후의 선은 넘지 않는 영리함과 자기 통제력을 지닌다.

'선을 넘는다'는 것이 반드시 파괴적이거나 부정적인 행위만을 의미하는 것은 아니다. 때로는 기존의 낡은 틀과 관습, 상식을 깨뜨리는 '창조적 발상'일 수도 있고, 누구도 시도하지 않았던 새로운 영역에 도전하는 '혁신적인 시도'일 수도 있다. 중요한 것은, 당신이 그 '선' 앞에서 어떤 선택을 할 것인가이다. 진정한 승자는 정해진 선 안에서 안주하며 작은 결과에 만족하는 것이 아니라, 때로는 선 밖의 미개척지에서 자신만의 큰 그림을 그려나간다. 당신은 그 선을 넘을 준비가 되어 있는가? 아니면 영원히 선 안의 익숙함에 머무를 것인가?

'와일드카드'를 던져 기회를 창조하라

때로는 당신에게 가장 소중한 것까지 걸어야 하는 결정적인 기회의 순간이 찾아올 수 있다. 그 순간 당신은 그 기회를 잡기 위한 당신만의 '와일드카드'를 주저 없이 던져야 한다. 이것은 분명 대담한 용기를 필요로 하는 선택일 수 있지만, 동시에 현재의 불리한 상황을 단숨에 역전시키고 당신을 전혀 다른 차원으로 도약하게 만들 강력한 전략이 될 수 있다. 당신의 숨겨진 매력, 은밀하게 구축된 특별한 인맥, 혹은 사회적으로 금기시되거나 위험하다고 여겨지는 영역에서의 과감한 제안이나 행동까지도, 때로는 당신의 운명을 극적으로 바꾸는 결정적인 '와일드카드'가 될 수 있다.

물론, 이처럼 당신의 많은 것을 거는 듯한 선택은 결코 충동적이거나 감정적으로 이루어져서는 안 된다. 그것은 당신 자신에 대한 깊은 이해, 상황에 대한 냉철한 분석, 그리고 다음 단계로 나아갈 수 있다는 주체적인 자신감을 바탕으로 내려져야 한다. 때로는 과감한 베팅만이 잠자던 기회를 깨우고, 당신의 한계를 뛰어넘는 비약적인 성장을 가져다준다는 것을. 그리고 진짜 승부사들은 바로 그 결정적인 순간, 망설임 없이 자신의 모든 가능성을 던져 최고의 결과를 창조해낸다.

당신의 모든 것을 밑천으로 활용하되, 그것이 결코 단순한 '소모'로 끝나서는 안 된다는 점을 다시 한번 강조하고 싶다. 현명한 투자자는 자신의 자산을 단 한 번의 도박에 모두 쏟아붓지 않는다.

그들은 철저한 분석을 통해 장기적인 관점에서 수익을 극대화하고, 리스크를 관리하며, 자산을 끊임없이 재투자하여 복리의 마법을 만들어낸다.

당신이라는 '자산' 역시 마찬가지다. 당신은 한번 쓰고 버려지는 일회용 소모품이 아니다. 당신의 시간, 감정, 자존심, 그 모든 것을 활용하는 것은, 더 큰 가치를 가진 당신으로 거듭나기 위한 '전략적 투자'여야 한다.

와일드카드를 던지는 궁극적인 목표는 단 한 번의 도약으로 '안정적인 플랫폼'을 확보하는 데 있다. 일단 이 플랫폼 위에 올라서면, '성공의 선순환 구조'가 시작된다. 이전보다 적은 노력과 시간으로도 더 큰 결과를 낳고, 그 성공이 다시 더 큰 기회를 끊임없이 불러오는 구조 말이다. 이것이야말로 단기적 이익을 노리는 대신, 단 한 번의 지능적인 베팅으로 판 전체를 바꾸고 지속 가능한 성장을 이뤄내는 진정한 승자의 방식이다.

당신의 모든 것은 '밑천'이다 대담하게 베팅하라

더 이상 현실과 동떨어진 이상론에 당신의 발목을 잡히지 마라. 당신이 가진 모든 것 - 당신의 재능, 당신의 시간, 당신의 매력, 당신의 야망, 심지어 당신의 가장 깊은 욕망과 결핍까지도 - 은 당신의 성공을 위한 강력하고도 정당한 자산이자 밑천이다.

이것은 결코 당신의 삶을 이익 추구의 대상으로만 보라는 의미가 아니다. 오히려, 당신 삶의 주도권을 온전히 되찾고, 당신이 진정으로 원하는 모든 것을 성취하기 위한 가장 현실적이고 강력한 방법론을 제시하는 것이다. 세상은 당신에게 아무것도 거저 주지 않는다. 당신의 모든 것을 전략적으로 활용하여, 당신이 원하는 것을 당당하게 확보하라! 이제, 당신 인생에서 가장 대담하고 의미 있는 도전을 시작할 시간이다.

제23장: 휴먼 노드(The Human Node)

그들의 지지에는 조건이 붙어있다
당신의 성공앞에 그들이 진짜 원하는 것

우리는 성공을 향해 나아갈 때 주변 사람들의 진심 어린 응원과 지지를 기대한다. 특히 가까운 친구나 동료라면, 나의 성장을 자기 일처럼 기뻐해 줄 것이라고 믿고 싶어한다. TV 드라마나 영화에서도 주인공이 역경을 딛고 성공할 때 주변인들은 뜨거운 박수를 보내지 않던가. 하지만 미안하지만, 그것 역시 세상이 당신에게 주입한 또 하나의 달콤한 환상일 가능성이 크다.

냉정하게 현실을 직시하자. 대부분의 사람들은 당신의 성공을 진심으로, 그리고 조건 없이 응원하지 않는다. 심지어 당신이 가장 믿었던 친구조차도 말이다. 이 말이 너무 비정하게 들리는가? 그렇다면 당신은 아직 인간 본성의 깊은 곳에 자리한 시기와 질투, 그리고 관계 속 미묘한 권력 역학을 제대로 간파하지 못한 것이다.

당신의 성공 앞에 그들이 진짜 원하는 것

물론 모든 사람이 그렇다는 것은 아니다. 당신의 성공을 진심으로 축복하고 지지해 줄 귀한 인연도 분명 존재한다. 하지만 안타깝게도 그런 사람은 소수이며, 대부분의 관계는 당신이 생각하는 것만큼 순수하지 않다. 그들이 보내는 응원과 지지에는 종종 보이지 않는 '유효기간'과 '조건'이 붙기 마련이다.

그렇다면 그 유효기간과 조건이란 무엇일까? 바로 '당신이 그들보다 아래에 있거나, 최소한 동등한 수준에 머물러 있을 때까지'이다. 사람들은 본능적으로 타인과 자신을 비교하며 자신의 위치를 확인하려는 경향이 있다. 당신이 그들보다 조금 못한 상황에 있거나 비슷한 수준에서 노력하고 있을 때, 그들은 기꺼이 당신의 '조력자'나 '지지자'를 자처하며 따뜻한 말과 격려를 건넨다.

하지만 당신이 그들보다 더 나은 위치로 올라갈 조짐을 보인다면 상황은 달라진다. 어제까지 당신의 편이었던 그들의 눈빛이 미묘하게 변하는 것을 느끼게 될 것이다. 그들의 응원에는 어딘지 모르게 가시가 돋치고, 칭찬에는 씁쓸한 뒷맛이 남는다. 이것이 바로 그들이 설정한 '성공의 천장'에 당신이 근접했다는 신호다.

그들은 당신이 자신보다 잘나가길 진심으로 바라지 않는다. 당신의 성공은 곧 그들의 상대적인 실패감이나 초라함을 부각하기 때문이다. 이때부터 그들의 '진심 어린 조언'은 교묘한 형태로 당신의 발목을 잡기 시작한다. 당신의 야심 찬 계획에 대해 "너무 위험하지 않아?", "현실적으로 그게 가능할까?"라며 찬물을 끼얹거나, 당신의 능력을 은근히 깎아내리며 자신감을 훼손시킨다. 심지어 당신이 잘못되기를 바라는 마음에서 일부러 반대되는 조언을 하거나, 중요한 정보를 숨기기도 한다.

SNS에 올린 당신의 작은 성취에 '좋아요'를 누르고 축하 댓글을 달면서도, 뒤에서는 당신을 험담하거나 시기하는 이중적인 모습을 보이는 것도 드문 일이 아니다. 그들은 겉으로 당신의 성공을 응원하는 것처럼 보여도, 속으로는 당신이 다시 자신들의 수준으로 내려오기를, 혹은 더 이상 나아가지 않기를 바랄 뿐이다. 이것이 바로 당신이 알아야 할 인간관계의 냉혹한 이면이다.

여기서 잠시 멈춰 스스로에게 질문을 던져보자. 혹시 당신은, 한때 타인의 빛나는 성공이나 예상치 못한 행운 앞에서 자신도 모르게 이와 비슷한 시기심이나 불편한 감정의 그림자를 느껴본 적은 없는가? 이 정직하지만 다소 껄끄러운 질문에 대한 답을 스스로 찾아보는 것이, 어쩌면 이 복잡다단한 인간관계라는 게임의 숨겨진 규칙을 이해하는 또 다른 중요한 열쇠가 될지도 모른다.

냉정한 현실 인식만이 당신을 구원한다

그렇다면 이 불편한 진실 앞에서 우리는 어떻게 해야 할까? 모든 인간관계를 불신하고 고립되어야 할까? 그것은 현명한 방법이 아니다. 중요한 것은 이러한 인간 심리의 어두운 단면을 명확히 인지하고, 그것에 휘둘리지 않는 내면의 힘을 기르는 것이다. 이는 당신의 네트워크를 구성하는 휴먼 노드(The Human Node)들의 숨겨진 속성을 파악하여, 잠재적 위험을 관리하는 핵심 기술이다.

첫째, 모든 사람에게 당신의 모든 것을 드러내 보일 필요는 없다. 당신의 원대한 꿈이나 구체적인 계획, 그리고 결정적인 성공의 순간들은 신중하게 선택된 소수와만 공유하라. 대부분의 사람들은 당신의 진정한 야망을 이해하지도, 감당하지도 못한다. 그들의 시기심과 부정적인 에너지는 당신의 성공 가도에 불필요한 장애물만 만들 뿐이다.

둘째, 타인의 평가나 반응에 일희일비하지 마라. 당신의 성공을 시기하는 사람들의 말은 당신의 가치를 결정하지 못한다. 그들의 칭찬에 우쭐해할 필요도, 그들의 비난에 좌절할 필요도 없다. 중요한 것은 당신 스스로 설정한 목표와 그것을 향해 나아가는 당신의 의지다.

셋째, 진짜 내 편을 구분하는 눈을 길러라. 조건 없이 당신의 성장을 지지하고, 당신의 성공을 진심으로 기뻐해 줄 수 있는 사람은 분명히 존재한다. 그런 사람들은 당신이 어떤 상황에 처하든 변함없는 신뢰를 보여줄 것이다. 이러한 소수의 진정한 관계에 당신의 시간과 에너지를 투자하라.

마지막으로, 당신의 성공이 누군가에게는 불편함이나 위협이 될 수 있음을 담담히 받아들여라. 당신이 빛날수록 그림자는 더욱 짙어지는 법이다. 그것은 당신이 잘못했기 때문이 아니라, 당신이 너무 잘하고 있기 때문이라는 반증일 수 있다. 그들의 시기 어린 시선은 당신이 올바른 길을 가고 있다는 일종의 '훈장'으로 여겨도 좋다.

 결국 당신의 성공스토리는 당신 스스로 써 내려가는 것이다. 그러니 주변의 소음에 당신의 귀를 닫고, 그들의 시선에 당신의 길을 내주지 마라. 오직 당신의 목표만을 향해 묵묵히 나아갈 뿐이다. 세상 모든 사람이 당신을 응원해주지 않아도 괜찮다. 당신 안의 뜨거운 열망과 스스로에 대한 확고한 믿음만 있다면, 당신은 반드시 원하는 것을 쟁취할 수 있을 것이다. 그리고 그 과정에서 당신은 진짜와 가짜를 가려내는 날카로운 통찰력과, 그 어떤 관계에도 휘둘리지 않는 단단한 자존감을 얻게 될 것이다. 그것이야말로 세상이 당신에게 함부로 빼앗을 수 없는, 당신만의 진정한 성공이다.

제24장: 룰 메이커(The Rule Maker)

기회는 기다려주지 않는다
망설임의 대가는 생각보다 크다

"인생은 타이밍이다."

이 얼마나 자주 들어온 말인가? 하지만 이 익숙한 격언만큼 성공과 실패의 갈림길을 명확하게 설명하는 말도 없을 것이다. 우리 인생에는 마치 섬광처럼 나타났다가 순식간에 사라져 버리는 결정적인 순간들, 즉 '기회'라는 이름의 변곡점들이 존재한다. 그리고 그 순간에 당신이 어떤 선택을 하고, 어떻게 행동하느냐에 따라 당신의 상황은 크게 달라질 수 있다.

하지만 안타깝게도 대부분의 사람들은 자신의 눈앞에 좋은 기회가 찾아왔을 때, 그것이 기회인지조차 알아보지 못하거나, 혹은 "조금만 더…", "아직은 때가 아니야…"라는 주저함 속에서 귀한 시간을 흘려보내고 만다. "기회의 여신은 앞머리만 있다"는 오래된 경구를 당신은 언제까지 외면할 것인가? 한번 놓친 기회는 좀처럼 다시 돌아오지 않는다. 당신은 오늘도 얼마나 많은 가능성을 그 익숙한 망설임 때문에 지나쳐버렸는가?

당신이 기회를 놓치는 결정적인 이유들

당신은 왜 항상 지나간 기회를 아쉬워하며 후회의 한숨만 내쉬는가? 왜 결정적인 순간에 과감하게 행동하지 못하고 주변만 맴도는가? 그 이유를 외부 환경이나 운 탓으로 돌리기 전에, 당신 내면 깊숙이 자리 잡은 '걸림돌'부터 살펴봐야 한다. 이 걸림돌들은 은밀하게 당신의 판단을 흐리고 발목을 잡으며, 안일한 속삭임으로 당신을 현실에 안주하게 만든다.

기회를 알아보지 못하는 무지라는 장막: 세상의 변화에 둔감하고, 낡은 편견과 과거의 방식에 얽매여 새로운 가능성을 제대로 보지 못한다. 눈앞에 다가온 좋은 기회도 알아보지 못하는 격이다. 진짜 기회는 종종 문제나 위기의 모습으로 다가오거나, 아주 사소하고 평범한 순간에 숨어있다는 사실을 당신은 간과한다. 당신의 제한된 시야와 닫힌 마음이 기회를 알아보지 못하게 하는 것이다.

너무 쉽게, 혹은 자주 기회가 찾아온다고 생각하는 안일함: "이 정도 기회는 다음에 또 오겠지", "굳이 지금 당장 모든 것을 걸 필요는 없어"라는 생각에 빠져, 눈앞의 소중한 기회를 대수롭지 않게 넘겨 버린다. 기회가 얼마나 귀하고 다시 오기 어려운지, 그리고 한번 당신을 지나치면 다시 그 모습을 보기 어렵다는 사실을 당신은 깨닫지 못하는 것이다. 당신에게 주어진 모든 기회는 어쩌면 다시 없을 중요한 순간일지도 모른다는 인식이 부족하다.

"내가 과연…?"이라는 반복되는 자기 의심과 자신감 부족: 스스로의 능력과 가치를 충분히 믿지 못하고, 끊임없이 자신을 낮춰 평가하며 기회 앞에서 스스로 작아진다. 당신 안의 가능성이 발현되기도 전에, 당신 스스로 그 싹을 자르고 있는 셈이다. 과거의 작은 실패나 타인의 부정적인 평가가 만들어낸 심리적 위축감에 갇혀, 스스로 도전의 날개를 접어버리고 익숙한 안전지대를 선택한다.

완벽주의라는 이름의 함정, 실행을 미루는 그럴듯한 변명. 모든 조건이 완벽하게 갖춰질 때까지, 모든 위험 요소가 제거될 때까지, 그리고 실패 확률이 현저히 낮아질 때까지 기다리다가 결국 아무것도 시작하지 못하고 기회를 떠나보낸다. 세상에 완벽한 타이밍이란 존재하지 않으며, 완벽한 준비란 영원히 불가능에 가깝다는 현실을 당신은 외면한다. 당신의 그 지나친 신중함은 결국 아무것도 시도하지 못한 자의 가장 그럴듯한 자기 합리화일 뿐이다.

이 모든 것은 결국 당신의 주저함, 현실 안주 성향, 그리고 변화를 마주하고 그에 맞서 행동할 용기 부족을 가리는 자기기만의 과정일 수 있다. 이제 그 변명과 자기 합리화의 틀에서 벗어나, 기회의 핵심을 정확히 파악하고 민첩하게 움직이는 현실적인 플레이어로 거듭나야 한다.

한번 놓친 기회는 이자를 붙여 떠나간다

"그때 그걸 했어야 했는데…" 이 후회의 말처럼 당신의 가능성을 좀먹는 것도 없다. 당신이 망설이는 바로 그 순간에도, 시간은 멈추지 않고 흘러가며, 당신이 놓친 기회는 다른 이들의 손에 넘어가 그들을 더 유리한 위치로 이끌고 있다.

기회는 한정된 자원이며, 이 경쟁의 장에서 주도권을 잡는 것은 결국 행동하는 자들이다. 당신이 주저하는 동안, 누군가는 이미 그 기회를 활용하여 당신보다 한발 앞서 나아가고 있으며, 그 격차는 시간이 갈수록 더 벌어질 수 있다. 놓쳐버린 기회로 인해 당신이 감수해야 할 것은 단순히 눈앞의 이익 상실뿐만이 아니다. 그것은 당신의 소중한 시간, 성장 가능성, 그리고 어쩌면 당신 인생 전체의 방향에 영향을 미칠 수 있는 기회비용일지도 모른다.

망설임은 시간이라는 가장 값비싼 비용을 지불하는 비효율적인 선택이다. 그리고 그 시간은 결코 당신을 기다려주거나 동정하지 않는다. 당신의 주저함은 시간이라는 이자까지 붙어, 결국 감당하기 힘든 후회라는 빚으로 돌아올 뿐이다.

기회를 '포착, 결단, 실행'하는 현실적 플레이어

더 이상 기회의 관망자로 남을 것인가, 아니면 기회의 흐름을 읽고 행동하는 플레이어가 될 것인가? 선택은 당신의 몫이다. 만약 후자를 선택했다면, 다음의 3단계 행동 원칙을 당신의 것으로 만들고 지금 즉시 실행에 옮겨라.

첫째, 기회를 '포착(Spot)'하는 예리한 관찰력을 길러라. 끊임없이 주변을 살피고 정보를 탐색하며, 세상의 미세한 변화와 그 안에 숨겨진 결정적인 신호를 읽어내야 한다. 남들이 무심코 지나치는 평범함 속에서 남다른 가능성을 발견하고, 때로는 당신의 분석적 직관과 축적된 경험을 믿고 움직여야 한다. 진짜 기회와 당신을 현혹하는 가짜 기회를 구별해내는 안목, 그것이 플레이어의 첫 번째 조건이다.

둘째, 모든 불안 요소를 점검하고 '결단(Decide)'하는 냉철한 판단력을 가져라. 일단 기회라고 판단했다면, 더 이상의 망설임은 불필요하다. 불확실성을 과도하게 두려워하지 말고, 실패의 가능성마저도 계산된 리스크로 받아들이며, 과감하게 행동을 선택할 수 있는 대담함을 가져야 한다. 정보가 부족하다고, 시간이 더 필요하다고 주저하지 마라. 때로는 제한된 정보 속에서도 신속하게 결단을 내리고 움직이는 자만이 원하는 것을 얻는다. 기억하라, 가장 아쉬운 결정은 아무것도 결정하지 않고 기회를 흘려보내는 것이다.

셋째, 주저함 없이 '실행(Act)'하여 결과를 만들어내는 추진력을 발휘하라. 일단 행동하기로 결심했다면, 뒤돌아보거나 망설이지 말고 당신의 자원과 에너지를 동원하여 즉시 행동으로 옮겨야 한다. 완벽한 계획을 세우느라 시간을 보내는 대신, 신속하게 시작하고 문제점을 보완하며 목표를 향해 나아가야 한다. 실패를 성장의 과정으로 삼고, 실행 과정에서 배우고 발전하며 더욱 강해져야 한다. 아이디어는 당신의 머릿속에 머무는 한 아무런 가치가 없다. 오직 행동만이 모든 것을 바꾸고, 당신이 원하는 결과를 만들어낸다.

기회는 준비된 자에게만 미소 짓는다는 낡은 착각

"준비된 자에게만 기회가 온다." 이 말은 절반만 맞는 이야기다. 물론, 철저한 준비는 성공의 확률을 높이는 중요한 요소다. 하지만 때로는 과도한 준비와 신중함이 오히려 당신의 행동을 제약하고 눈앞의 결정적인 기회를 놓치게 만들 수도 있다. 완벽하게 준비될 때까지 기다린다는 것은, 오지 않을 가능성이 높은 이상적인 순간만을 기다리며 시간을 보내는 것과 같다.

때로는 약간의 과감함, 계산된 즉흥성이 예기치 않은 좋은 기회를 만들거나, 남들보다 한발 앞서 결정적인 우위를 점하게 만들기도 한다. 물론 이것이 아무런 생각 없는 만용이나 어리석은 도전을 의미하는 것은 아니다. 하지만 모든 위험 요소를 제거하고 완벽한 성공만을 추구하려는 지나친 소극성보다는, 때로는 자신의 분석과 직감을 믿고 과감하게 불확실성 속으로 뛰어드는 대담함이 당신에게 상상 이상의 결과를 안겨줄 수 있다는 사실을 명심해야 한다. 세상은 완벽하게 준비된 모범생에게만 문을 열어주는 것이 아니다. 때로는 그 문을 과감하게 두드리고 들어서는 도전적인 자에게 더 크고 의미 있는 기회를 허락한다.

당신의 인생 시계는 지금도 똑딱거리고 있다

인생은 당신이 생각하는 것보다 훨씬 짧고, 결정적인 기회는 생각보다 자주 당신을 찾아오지 않는다. 더 이상 두려움과 자기 의심, 그리고 완벽주의라는 이름의 보이지 않는 틀에 당신 스스로를 가두지 마라. 당신의 가슴을 뛰게 하고, 당신의 야망을 자극하는 그 무언가가 눈앞에 나타났다면, 그것이 바로 당신이 모든 것을 걸고 도전해야 할 기회일 수 있다. 본능적인 감각과 냉철한 판단으로 그것을 포착하고, 당신의 것으로 만들어라.

망설임의 대가는 당신이 상상하는 것보다 훨씬 더 크고 아쉬울 수 있다. 그것은 당신의 귀중한 시간, 당신의 무한한 잠재력, 그리고 어쩌면 당신의 인생 전체의 중요한 전환점을 놓치는 것일지도 모른다. 지금 행동하지 않으면, 당신은 오랫동안 후회라는 감정에서 벗어나기 어려울 것이다. 망설임 없이 기회를 포착하고 행동으로 옮기는 이 추진력이야말로, 세 번째 무기인 룰 메이커(The Rule

Maker)가 갖춰야 할 필수적인 능력이다.

이제 선택은 당신의 몫이다. 기회의 뒷모습만 바라보며 평생을 아쉬움 속에 살아갈 것인가, 아니면 지금 당장 용기를 내어 당신의 모든 가능성을 걸고 기회의 문을 힘차게 두드릴 것인가?

기회를 성공적으로 포착했다면, 이제 그 기회를 현실로 만들고 더욱 폭발적으로 확장하기 위해 당신 주변의 인간관계를 어떻게 전략적으로 활용하고 당신에게 유리하게 재편해야 하는지 알아야 한다. 다음 장에서는 바로 그 '관계의 연금술'에 대해 이야기할 것이다.

제25장: 휴먼 노드(The Human Node)

관계라는 이름의 체스판
버릴 인연과 잡을 동맹의 전략적 재평가

"결국 모든 것은 사람으로 귀결된다."
"성공은 누구와 함께하느냐에 달려있다."

이 말들은 결코 틀리지 않았다. 당신이 아무리 뛰어난 재능과 뜨거운 열망, 그리고 결정적인 기회를 손에 쥐었다고 해도, 주변의 인간관계가 원활하지 않다면 그 모든 것은 기대만큼의 결실을 보지 못하고 쉽게 허물어질 수 있다. 성공을 향한 여정에서 곁의 사람들은 당신을 더 높은 곳으로 이끄는 강력한 동력이 될 수도 있지만, 반대로 당신의 발목을 붙잡고 성장을 저해하는 무거운 추가 될 수도 있는 것이다.

하지만 대부분의 사람들은 인간관계를 운명이나 감정에만 맡겨둔 채, 그것을 자신의 성공을 위한 가장 강력한 전략적 자산으로 인식하고 적극적으로 관리하려는 생각은 잘 하지 못한다. 당신은 지금 누구와 함께 이 험난한 여정을 헤쳐나가고 있는가? 그들은 당신의 전진을 돕는 든든한 지원군인가, 아니면 당신의 에너지를 소모시키고 발전을 더디게 하는 부담스러운 존재인가? 이제 당신 주변의 모든 관계를 냉정한 시각으로 살펴보고, 성공을 위한 '관계의 재구성'을 시작해야 할 때다. 이제 마지막 무기, 당신의 인간관계를 하나의 거대한 시스템으로 제어하는 휴먼 노드(The Human Node) 관리 기술을 장착할 시간이다.

해로운 관계의 식별과 정리

우리 삶에는 반드시 존재한다. 당신의 시간, 감정, 그리고 소중한 자원을 지속적으로 요구하면서도 정작 당신에게는 긍정적인 영향을 주지 못하는 사람들. 끊임없이 부정적인 언행으로 당신의 의욕을 꺾는 사람, 당신의 성장을 은근히 시기하며 방해하는 사람, 필요할 때만 다가와 당신을 이용하려는 사람, 그리고 해결되지 않을 자신의 문제로 당신의 시간을 빼앗는 사람. 이들이 바로 당신의 에너지를 고갈시키는 소위 '에너지 뱀파이어' 유형의 사람들이다.

이러한 해로운 관계, 혹은 가면을 쓴 사람들을 계속 곁에 두는 것은 마치 발목에 보이지 않는 모래주머니를 차고 달리는 것과 같다. 그들은 당신의 성공을 지연시킬 뿐만 아니라, 당신의 정신적인 안정까지도 해칠 수 있다. 이제 더 이상 "좋은 게 좋은 거지", "그래도 오랜 인연인데…"와 같은 감상적인 생각에 얽매여 그들에게 당신의 소중한 미래를 내어주지 마라.

과감하게 '손절'할 필요가 있다. 이것은 결코 비정하거나 냉정한 행동이 아니다. 오히려 당신의 성공과 행복, 그리고 정신적 안정을 위한 가장 현명하고도 필수적인 '자기보호 전략'이다. 불필요한 죄책감이나 미련은 접어두고, 단호한 의사 표현, 점진적인 거리두기, 혹은 필요하다면 모든 연락을 정리하는 방법까지도 고려해야 한다. 이는 그들에게 무익하게 흘러가던 당신의 시간과 감정 에너지를 온전히 회수하는 것이다. 이렇게 회수된 자원은 이제 당신의 성장과 빛나는 미래를 위해 집중적으로 사용될 수 있다. 이것이야말로 무엇과도 바꿀 수 없는 당신의 '자기보호 전략'이라 할 수 있다. 그들을 당신의 인생이라는 무대에서 정중히 내려보내는 것은, 당신 자신에 대한 가장 가치 있는 투자임을 명심하라.

당신의 관계 포트폴리오, 긴급 진단

자, 이제 잠시 책을 덮고 당신의 스마트폰 연락처나 SNS 친구 목록을 떠올려보라. 그리고 그들을 당신의 성공을 위한 '투자 포트폴리오' 관점에서 냉정하게 재분류해보자.

당신의 성장을 이끌고 결정적인 기회와 영감을 제공하는 핵심 자산인 '우량주(멘토, 핵심 조력자, 당신을 끌어주는 동맹)'는 누구인가? 그리고 당신의 성공이나 실패와 상관없이, 존재 자체를 지지하며 심리적 안정감을 주는 안전 자산인 '가치주(진정한 친구, 변함없는 가족)'는 누구인가? 마지막으로 당신의 시간과 감정을 갉아먹고, 당신의 성공을 시기하며, 과감히 손절해야 할 '부실 자산'(에너지 뱀파이어, 당신의 발목을 잡는 인연)은 누구인가?

이 냉정한 자산 평가는 당신의 낡은 관계도를 허물고, 성공을 위한 새로운 포트폴리오를 재구성하는 가장 중요한 첫걸음이다.

성공을 위한 전략적 동맹 설계

해로운 관계, 그리고 당신의 성공을 진심으로 바라지 않는 이들을 정리했다면, 이제 당신의 성공 여정에 강력한 추진력을 더해줄 '진짜 내 편'을 만들어야 한다. 하지만 기억하라. 당신의 성공을 아무 조건 없이 지지하고 실질적인 도움을 줄 수 있는 전략적 동맹은 결코 우연히 나타나지 않는다. 특히, 당신이 자신보다 더 잘나가는 것을 진심으로 기뻐하며 함께 성장할 수 있는 사람은 극히 드물다는 현실을 먼저 직시해야 한다. 그렇기에 '진짜 내 편'이란, 당신의 치밀한 계획과 적극적인 노력을 통해 의도적으로 '발굴'하고 '구축'해야만 얻을 수 있는, 무엇과도 바꿀 수 없는 귀한 자산인 것이다. 이는 앞서 16장에서 다룬 '보이지 않는 손'을 내 손으로 만드는 과정이자, 단순히 함께 시간을 보내는 지인이나 SNS 속 피상적인 관계와는 질적으로 다른, 당신의 운명을 바꿀 수 있는 소수 정예의 '이너 서클(Inner Circle)'을 구축하는 일이다.

당신에게는 어떤 유형의 '지원군'이 필요한가? 당신에게 깊은 통찰과 지혜를 제공할 수 있는 존경받는 '멘토', 당신의 약점을 보완해 줄 수 있는 신뢰할 만한 '파트너', 당신의 비전을 공유하고 함께 열정을 불태울 수 있는 헌신적인 '동료', 혹은 당신에게 결정적인 기회의 문을 열어줄 수 있는 강력한 '영향력을 가진 인물'. 당신의 목표와 현재 상황에 맞춰 필요한 인재상을 명확히 정의하고, 그들을 찾아내기 위한 노력을 기울여야 한다.

그리고 그들을 당신의 편으로 만들기 위해서는, 당신 역시 그들에게 매력적이고 가치 있는 존재가 되어야 한다. 이전 제9장에서 강조했듯이 모든 의미 있는 관계는 '상호 가치 교환'을 기반으로 한다. 당신이 그들에게 무엇을 제공할 수 있는지, 그리고 그들과 어떤 '상호 이익' 기반의 견고한 동맹 관계를 맺을 수 있을지를 끊임없이 고민하고 실행해야 한다.

당신의 성공은 결코 당신 혼자만의 힘으로 이루어지는 것이 아니다. 당신의 비전을 현실로 만들고 함께 목표를 향해 나아갈 수 있는 강력한 지원군을 직접 조직하라. 그들은 당신의 성공을 시기하는 대신, 진심으로 축하하고 함께 기뻐할 수 있는, 이 험난한 세상에서 찾아보기 어려운 소중한 존재들일 것이다.

모든 만남에는 '설계도'가 필요하다

인간관계를 그저 막연한 감정이나 우연에 맡겨두는 것은, 마치 아무런 계획 없이 자산을 운용하는 것과 같다. 당신의 성공을 위한 모든 관계는, 마치 수익률을 극대화하기 위해 신중하게 구성하는 '투자 포트폴리오'처럼 전략적으로 설계되고 관리되어야 한다. 물론 이것이 모든 인간관계를 기계적으로 계산하라는 의미는 아니다. 당신의 포트폴리오에는 폭발적인 성장을 이끌 '우량주(핵심 동맹)'만 필요한 것이 아니다. 시장의 풍파 속에서 당신의 자산을 굳건히 지켜줄 '가치주(진정한 친구, 변함없는 가족)'의 역할은 무엇보다 중요하다. 이 관계만큼은 손익계산서를 잠시 덮어두어도 좋다.

하지만 여기서 강조하는 것은, 당신의 '성공'이라는 목표와 직접적으로 연결된 전략적 관계만큼은 감정에 치우치기보다 이성적인 판단하에 의식적으로 관리해야 한다는 점이다. 당신의 최종 목표 달성에 필요한 다양한 유형의 관계들을 균형 있게 구축하고, 각 관계의 명확한 '목적'과 '기대 효과(정보, 기회, 영향력 등)'를 설정해야 한다. 그리고 그 관계의 질을 최상으로 유지하고 발전시키기 위해 정기적인 '관리'와 '투자(시간, 노력, 혹은 그들이 필요로 하는 가치 제공)'를 아끼지 않아야 한다. 물론, 이 모든 과정은 감정보다는 이성적인 판단과 철저한 계산에 기반해야 한다.

인간관계는 당신의 성공이라는 목표를 향한 중요한 전략적 자산이다. 더 이상 불필요한 감정 소모로 귀중한 자원을 낭비하지 마라.

당신의 인간관계 포트폴리오를 냉철하게 분석하고, 불필요한 부분은 과감히 정리하며, 긍정적 효과가 예상되는 관계에 집중적으로 투자하고 발전시켜나가라.

선제적 가치 제공을 통한 '부채감' 형성 전략

단순히 받기만 하려는 태도는 당신을 고립시킬 뿐이다. 진정한 전략가는 먼저 상대방에게 필요한 '가치'를 아낌없이 제공함으로써, 그가 '심리적인 부채감'을 느끼게 만든다. 이것은 결코 순진한 이타주의가 아니다. 상대가 받은 것을 어떻게든 갚고 싶게 만드는 이 보이지 않는 부채감이야말로, 관계의 주도권을 잡고 당신이 원하는 것을 그 이상으로 돌려받는 가장 세련된 방식이다.

이 전략의 기반에는 '상호성의 원칙'이라는 강력한 인간 심리가 깔려있다. 인간은 누구나 무언가를 받으면 그것을 어떻게든 되갚으려는 본능적인 마음의 빚을 진다. 어설픈 사람들은 "하나를 줄 테니 하나를 달라"고 요구하지만, 진정한 고수들은 먼저 아낌없이 베풀어 상대방의 마음속에 '보이지 않는 빚'을 새겨 넣는다.

가령, 당신이 잠재적인 비즈니스 파트너에게 계약과 상관없이 그의 사업에 결정적인 도움이 될 만한 정보나 아이디어를 먼저 제공했다고 상상해보라. 그는 당신의 능력에 감탄하는 동시에, 당신에게 큰 빚을 졌다고 느끼게 될 것이다. 이후 협상의 테이블에서 그가 당신에게 더 유리한 조건을 제시하거나, 당신의 다른 부탁을 기꺼이 들어줄 확률은 극적으로 높아진다.

명심하라. 당신의 모든 '친절'은 반드시 이자까지 붙여 돌아올 것을 기대하고 던지는, 가장 지능적인 '전략적 투자'여야 한다.

관계라는 체스판, 이제 당신의 수를 둘 차례다

이것으로 3부, "판을 뒤집는 생존자들: 이 냉혹한 현실에서 너만의 길을 창조하라!"의 막을 내린다. 당신은 이제 모든 것을 잃은 무력한 존재가 아니다. 승자들의 세계에 직접 뛰어들어 그들의 코드를 읽었고(15장), 강력한 조력자의 손을 잡았으며(16장), 회사의 후광 없이도 빛나는 당신만의 이름을 구축했다(17장). 정해진 각본을 찢어버리고(18장) 불리한 판을 스스로 떠나 새로운 판을 설계할 용기를 얻었으며(19장), 때로는 도덕이라는 낡은 경계를 넘어서(20, 21장) 당신의 모든 것을 밑천으로 삼아(22장), 주변의 시기심마저 발판으로 삼고(23장) 결정적인 기회를 포착하는(24장) 생존자로 거듭났다.

그리고 이 모든 기술의 정점에는 결국 '사람'과의 관계를 어떻게 당신의 의지대로 설계하고 주도하느냐는 '관계의 기술'이 자리 잡고 있다. 당신 주변의 모든 인간관계는 당신의 성공을 위한 강력한 기반이다. 어떤 관계를 맺고 어떤 동맹을 만들어갈지는 전적으로 당신의 손에 달려있다. 이제, 더 이상 수동적으로 관계에 끌려다니지 말고, 적극적으로 당신에게 필요한 관계를 창조하고, 해로운 관계는 정리하며, 모든 관계를 당신의 성공을 위한 강력한 동력으로 전환시키는 의미 있는 게임을 시작하라!

　이렇게 새로운 판을 설계하고, 관계마저 당신의 것으로 만들었다면, 당신은 이제 과거의 당신이 아니다. 세상의 모든 가면을 벗어던진 당신은 이제 어떤 새로운 싸움을 시작할 준비가 되었는가? 이어지는 마지막 4부에서는 바로 그 '새로운 싸움'의 본질은 무엇이며, 그 궁극의 전쟁에서 승리하기 위한 마지막 열쇠는 어디에 있는지 함께 찾아 나설 것이다.

Intermission

수많은 기술을 연마하는 여정은
때로 우리 자신을 소모시키는 것처럼 느껴진다.

하지만 기억하라.
최고의 갑옷은 결국 당신 자신을 위해 만들어지는 것.

이제 그 갑옷을 입고,
당신의 왕국을 평화롭게 다스릴 시간이다

4부

가면을 벗은 통치자

나만의 규칙으로 세상을 재편성하라

제26장

성공을 위한 운영체제

'주식회사 나'로 리부팅하라

마침내 이 책의 마지막 부에 이르렀다. 우리는 1부에서 세상의 숨겨진 진실을, 2부에서 불편한 현실의 법칙을, 그리고 3부에서 생존을 위한 날카로운 무기들을 손에 넣었다. 그렇다면 이 모든 여정의 최종 목적지는 과연 어디일까? 그 모든 깨달음과 전략들이 가리키는 단 하나의 방향은 무엇인가?

그것은 바로 성공을 향한 모든 삶은 결국 전략적인 '자기 경영'일 수밖에 없다는 현실 인식이다. 우리가 이 예측 불가능한 세상에서 원하는 것을 이룩하고 진정한 의미의 자기 주도적인 삶을 살아가기 위해서는, 마치 숙련된 경영자처럼 자신의 현재를 객관적으로 분석하고 목표를 설정하여, 성과를 만들어내야만 한다. 이 '자기 경영' 마인드야말로 우리가 지금까지 탐구해온 모든 불편한 진실과 성공 전략을 하나로 아우르는 핵심 운영체제다.

왜 우리의 삶, 특히 성공을 갈망하는 개인의 삶이 '경영'과 닮아 있을 수밖에 없을까? 우리에게 주어진 시간, 에너지, 재능, 그리고 기회는 모두 한정된 자원이다. 우리는 이 자원을 활용하여 수많은 경쟁자들 사이에서 우리가 원하는 '성공'이라는 결과를 추구해야 하기 때문이다. 이 과정은 사실상 기업이 시장에서 생존하고 성장하기 위해 펼치는 경영 활동과 다르지 않다.

지난 1부에서 우리가 확인했던 세상의 다양한 기만들 - 세상은 원래 불공평하다는 현실, 평범한 삶이라는 거대한 착각, 도덕이라는 아름다운 굴레, 노력하면 성공한다는 낡은 공식, 그리고 성공 포르노의 허상 등 - 은 모두 우리가 활동해야 할 '시장 환경'의 위험성과 불확실성을 명확히 보여준다.

성공적인 경영자는 시장의 현실을 제대로 인식하고, 잘못된 정보나 감상적인 예측으로 자원을 낭비하지 않는다. 마찬가지로, 우리의 '인생 경영' 역시 이러한 세상의 기만들을 정확히 인지하고, 그것에 휘둘리지 않으며, 오히려 그 허점을 파악하여 불필요한 '비용'(시간, 에너지, 감정의 소모)을 최소화하는 것에서부터 시작되어야 한다. 이것은 바로 **자기 경영의 첫 번째 원칙**인 '손실 회피 및 자원 보존'과 맞닿아 있다.

2부에서 우리가 탐구한 불편한 진실의 게임과 승자들의 방식 - 거래를 바라보는 그들의 시각, 인맥의 가치 교환 법칙, 현대판 카스트 시스템, 매력 자본이 가진 힘, 실패의 무게가 다른 이유, 결혼의 현실적 계산서, 승자들의 성공 연금술 등 - 은 우리가 경쟁해야 할 시장의 '진짜 규칙'과 경쟁자들의 '핵심 전략'을 보여준다. 성공적인 경영자는 경쟁 환경을 철저히 분석하고, 시장의 숨겨진 규칙을 파악하여 자신에게 유리한 위치를 선점한다. 마찬가지로, 우리 또한 이러한 불편한 진실들을 통해, 우리가 가진 자원(능력, 매력, 시간 등)을 어떻게 '가치'로 전환하고, 어떤 방식으로 '수익'(성공, 인정, 영향력)을 창출해야 하는지, 그리고 어떻게 경쟁 우위를 확보할 수 있는지에 대해 명확한 전략을 세워야 한다. 이것이 바로 **자기 경영의 두 번째 원칙인 '가치 창출 및 수익 극대화'**의 핵심이다.

3부에서 우리는 다양한 생존의 방법들 - 성공 코드의 체화와 조력자의 중요성, 나라는 상품 가치의 극대화, 승자들이 가진 이면의 기술, 각본 없는 삶의 선택, 도덕이라는 선의 경계, 와일드카드를 던지는 승부법, 주어진 기회의 포착과 인간관계의 전략적 선택 등 - 은 모두 우리 각자가 자신의 '인생 주식회사'를 통해 추구해야 할 '자기 효용'을 높이기 위한 구체적인 실행 전략들이다.

성공적인 경영자는 단순히 이윤을 추구하는 것을 넘어, 기업의 비전과 철학을 실현하려 한다. 마찬가지로, 우리 또한 이 모든 전략을 활용하여, 사회가 정해놓은 획일적인 성공이 아니라, 오직 우리 자신이 정의하는 진정한 의미의 성공과 만족, 즉 **'자기 효용의 정점'**을 향해 나아가야 한다. 이것이 바로 **자기 경영의 세 번째 원칙**이다.

우리가 함께한 여정은 결국 하나의 질문으로 향한다. "어떻게 하면 나의 삶을 가장 효과적으로 경영하여 원하는 성공을 이룰 것인가?" 이제 당신은 그 질문에 답할 수 있는 새로운 지혜와 원칙들을 갖추었다. '주식회사 나'의 유일한 최고 경영자(CEO)로서, 당신은 이제 당신의 회사를 위대한 기업으로 성장시킬 첫 번째 과제를 부여받았다. 바로 당신 회사의 미션(나의 핵심 가치는 무엇인가?)과 비전(내가 도달하고자 하는 궁극적인 목표는 무엇인가?)을 명확히 설정하는 것이다. 잠시 시간을 내어, 그것을 한 문장으로 정의하고 직접 기록해보라. 이것은 앞으로 당신이 내릴 모든 경영 판단의 흔들리지 않는 북극성이자, 당신이 길을 잃거나 흔들릴 때마다 다시 돌아와 초심을 확인하게 할 견고한 등대가 되어줄 것이다.

이 위대한 경영의 첫걸음을 떼었다면, 이제 이 모든 원칙들이 현실에서 강력한 힘을 발휘하게 할 가장 중요한 내면의 에너지가 필요하다. 다음 장에서는 자기 확신의 힘이 어떻게 당신의 욕망을 현실로 창조하는지, 그 비밀을 함께 알아볼 것이다.

제27장

의심의 목소리를 잠재우는 힘
성공을 위한 자기확신훈련

 지금까지 자신만의 길을 개척하기 위한 현실적인 기술들을 배웠다. 이제 이전과는 다른 새로운 시각으로 세상을 바라볼 수 있게 되었고, 성공을 위한 다양한 전략적 도구들도 갖춰졌다. 하지만 아무리 뛰어난 인생의 설계도와 강력한 실행 도구를 손에 넣었어도, 그것을 활용할 때 마음이 흔들리게 된다면 원하는 결과를 얻을 수 없다.

 비유하자면, 당신은 지금껏 세상에서 가장 강력한 성능을 지닌 경주용 자동차를 조립한 것과 같다. 하지만 이 완벽한 머신에 시동을 걸고, 결승선을 향해 주저 없이 액셀을 밟게 하는 핵심적인 '연료'가 없다면 어떻게 될까? 자동차는 그저 차고 안의 멋진 고철 덩어리에 불과할 것이다.

모든 지식과 전략이 진정한 힘을 발휘하기 위해서는, 그것을 흔들림 없이 실행할 수 있는 단단한 '내면의 힘', 즉 '흔들림 없는 자기 확신'이 필요하다.

가장 강력한 적은 내 안에 있다

아무리 훌륭한 계획과 전략을 세워도, 우리를 마지막 순간에 주저하게 만드는 것은 대부분 외부의 장애물이 아니라 내면에서 들려오는 목소리다. '내가 정말 해낼 수 있을까?', '이 길이 틀리면 어떡하지?' 이 내면의 의심은 판단력을 흐리고 실행할 용기를 꺾어, 결국 우리를 어제의 안전한 울타리 안에 다시 가두어 버린다. 그리고 자신을 합리화하며 놓쳐버린 기회들을 아쉬워하는 똑같은 하루를 반복하게 될 뿐이다. 그것이야말로 진짜 실패다.

'자기 확신'이란, 바로 이러한 내면의 모든 의심의 목소리를 잠재우고, 자신의 에너지를 스스로 설정한 목표에 집중시키는 가장 기본적인 정신적 자산이다. 이것은 근거 없는 자신감이나 현실을 외면하는 낙관론이 아니다. 오히려 세상의 모든 어려움과 불확실성을 인정하기에, '그럼에도 불구하고 나는 결국 해낸다'는 깊은 신뢰를 스스로 단련해나가는 의식적인 과정이다. 그것은 한번 깨지면 그만인 유리 같은 믿음이 아니라, 수많은 상처와 실패의 경험을 통해 오히려 더욱 단단하고 유연해지는 근육과도 같다. 외부의 평가나 일시적인 결과에 흔들리지 않는, 내면 깊은 곳의 중심축을 세우는 일인 것이다. 그렇다면 어떻게 이 단단한 자기 확신을 만들 수 있을까? 다음의 3단계 훈련이 당신의 지식과 전략들을 활용할 원동력이 되어줄 것이다.

제1단계: 목표 설정을 넘어, '목표와의 일체화'

단순히 목표를 종이에 적는 데 그치지 말고, 그 목표를 이룬 모습이 바로 자신의 '진정한 정체성'이라고 선언해보자. '나의 목표를 이루고 싶다'가 아니라, '나는 목표를 이룰 사람이며, 지금은 그 과정에 있다'라고 인식하는 것이다. 내가 추구하는 성공이 막연한 미래가 아닌 지금의 정체성이 될 때, 우리의 모든 생각과 행동, 선택은 자연스럽게 그 정체성을 향해 정렬되기 시작한다. 심리학에서는 이를 자기 효능감(Self-Efficacy)이라고 한다.

제2단계: 현실 인식을 넘어, '현실의 재해석'

나에게 일어나는 모든 일은 자기 확신을 더욱 단단하게 만드는 '증거'가 된다고 생각해보자. 혹시 주변의 비판적인 조언을 듣더라도, 내가 설정한 목표를 더욱 완벽하게 만들어줄 '값진 데이터'로 재해석한다. 세상의 모든 경험을 내 성공의 증거로 재해석하는 순간, 우리는 외부 환경에 흔들리는 대신 그 모든 것을 디딤돌로 삼아 성장하는 삶의 주인이 된다. 이는 어떤 상황, 사건, 생각, 감정 등을 바라보는 관점이나 의미를 새롭게 바꾸는 인지적 기법으로 심리학에서는 이를 긍정적 재해석(Positive Reappraisal)이라 한다.

제3단계: 미래 시각화가 아닌, '미래의 현재화'

막연히 성공한 미래를 그리는 것을 넘어, 이미 목표를 성취한 '미래의 자신'이라면 지금 이 순간 어떻게 생각하고, 어떻게 말하며, 어떻게 행동할지를 구체적으로 정하고, 지금 당장 그렇게 행동해 보자. 마치 이미 성공한 사람의 역할을 맡은 배우처럼 행동하는 것이다. 이러한 '미리 앞서 행동하기'는 자신감을 증폭시키고, 자신의 잠재의식에 '나는 이미 성공한 사람'이라는 강력한 신호를 보내게 된다. 그리고 이 신호는 자신의 주변에 그에 걸맞은 기회와 사람들을 끌어당기는 힘을 발휘하게 된다. 심리학에서는 이를 정체성 선행(Identity Pre-enactment)이라 한다.

자기 확신과 자기기만의 차이

어떤 사람들은 이러한 훈련이 자칫 현실 감각이 없는 자기기만에 빠질 우려가 있다고 말할 수 있다. 물론 때에 따라서는 그럴 수도 있다. 그래서 이 모든 훈련은 반드시 26장에서 이야기한 '자기 경영'이라는 운영체제와 함께 이루어져야 한다.

진정한 자기 확신은 현실을 외면하는 것이 아니다. 오히려 현실을 누구보다 잘 알기에, 그것을 돌파하기 위해서 의식적으로 마음을 다지는 훈련이 필요하다는 것을 인정하는, 지극히 현실적인 태도다. 그 단단한 믿음을 끊임없는 자기 분석과 정교한 계획으로 계속해서 날카롭게 다듬고 보완해야 한다. 당신은 단순히 믿는 사람이 아니라, 자신의 마음마저도 성공을 위해 영리하게 관리하는 프로페셔널 경영자이기 때문이다.

우리 안에는 스스로 생각하는 것 이상의 가능성이 존재한다. 이제 그 가능성에 대한 믿음을 키워, 의심의 목소리를 잠재우고, 자신의 의지대로 삶을 이끌어가는 단단한 내면을 구축해야 한다.

이 확고한 자기 확신까지 갖췄다면, 이제 안과 밖으로 모든 준비를 마친 셈이다. 그렇다면 이 모든 깨달음과 다짐을 가슴에 새긴 지금, 삶을 실질적으로 바꾸어 놓을 첫 번째 구체적인 행동은 과연 무엇이 되어야 할까? 다음 장에서는 바로 이 중요한 질문에 대한 답을 함께 찾아 나설 것이다.

제28장

현실 직시, 그 이후
이제 무엇으로 당신의 삶을 바꿀 것인가

기나긴 안개를 헤치고 마침내 세상의 본질을 마주한 순간, 모든 것이 이전보다 훨씬 더 선명하게 보이기 시작한다. 하지만 명확해진 그 길이 오히려 낯설게 느껴지며, 어디서부터 첫발을 내디뎌야 할지 막막함을 느끼게 될 수도 있다. 이제 손에는 아무것도 그려지지 않은 새로운 지도가 들려 있는 셈이다.

머릿속에 가득 찬 새로운 지혜와 전략들을 당장이라도 펼쳐 보이고 싶지만, 막상 시작하려니 잠시 주춤하게 되기도 한다. 진실을 아는 것과 그 진실대로 살아가는 것 사이에는 분명 극복해야 할 차이가 존재하기 때문이다. 깨달음은 등대와 같다. 가야 할 방향을 밝게 비춰주지만, 등대 불빛만 바라본다고 해서 배가 저절로 항구에 도착하는 것은 아니다. 결국, 배를 움직이는 것은 선장의 결단과 행동이다. 삶이 어제와 똑같이 반복된다면, 그 모든 깨달음은 온전한 가치를 발휘하지 못한 씨앗과 같다.

진실을 아는 것은 지적으로 매우 짜릿한 경험이다. 세상의 비밀을 꿰뚫어 본 듯한 느낌, 남들이 보지 못하는 것을 본다는 우월감은 그 자체로 큰 만족을 준다. 하지만 바로 이것이 가장 경계해야 할 함정이다. 이 지적인 만족감은 '나는 이제 세상을 알아'라는 착각을 낳고, 행동의 필요성을 잊게 만드는 가장 편안한 안식처가 될 수 있다. 우리는 이 '깨달음이라는 안락의자'에 너무 오래 머물러서는 안 된다. 계속해서 분석하고, 계획을 수정하고, 더 완벽한 때를 기다리는 것은 신중함이 아닐 수 있다. 그것은 실패로부터 자신을 보호하려는 우리 안의 신중함이, 때로는 두려움의 모습으로 나타나는 것일 수 있다. 진정한 지혜는 머릿속에 머무는 것이 아니라, 손과 발을 통해 현실 세계에서 증명될 때 비로소 완성된다.

첫걸음의 마법: 관성을 깨는 단 하나의 행동

그렇다면 어떻게 이 안락의자에서 일어나 첫걸음을 뗄 수 있을까? 거창한 계획을 세울 필요는 없다. 오히려 '내일부터 인생을 완전히 바꿀 거야'와 같은 비현실적인 다짐은, 그 무게감 때문에 더 깊은 무력감에 빠뜨릴 뿐이다. 우리의 뇌와 일상은 강력한 관성의 지배를 받는다. 어제 했던 일을 오늘도 반복하는 것이 가장 쉽고 안전하기 때문이다.

이 관성의 흐름에 새로운 방향을 내기 위해 거대한 노가 필요한 것은 아니다. 물길을 살짝 바꾸는 작은 조약돌 하나면 충분하다. '첫 번째 행동'이 바로 그 조약돌이다. 아주 작고, 사소하며, 어쩌면 남들이 보기에는 아무것도 아닌 것처럼 보이는 그 행동 하나가, 삶을 지배해 온 낡은 패턴을 깨뜨리는 가장 강력한 전환점이 될 것이기 때문이다.

작은 행동 하나가 인식과 감정, 그리고 주변 환경에 얼마나 큰 변화를 일으키는지 경험하게 될 것이다. 첫 행동은 '나는 더 이상 이전과 같은 사람이 아니다'라는 선언을 무의식에 각인시킨다. 이 작은 경험은 '나도 할 수 있다'라는 자기 효능감을 싹틔우고, 다음 행동에 대한 심리적 저항을 낮춘다. 그렇게 하나의 행동이 또 다른 용기를 낳고, 그 용기가 모여 새로운 습관을 만들며, 마침내 삶의 방향을 바꾸는 '나비효과'가 시작된다. 가장 긴 여정도 결국 단 하나의 첫걸음부터 시작되는 법이다.

그렇다면, 지금 시작할 첫 번째 행동은?

완벽한 첫 행동이란 존재하지 않는다. 가장 좋은 첫 행동은, '지금 당장 시작할 수 있는 행동'이다. 이 책을 읽고 난 후, 마음속에 가장 먼저 떠오른 변화의 대상은 무엇인가?

- 의지를 좀먹고, 시간을 낭비하게 했던 해로운 인간관계를 정리하기 위해 짧은 메시지를 보내는 것.

- 성장을 위해 필요하다고 느꼈지만 계속 미뤄왔던 책 한 권을 주문하거나, 온라인 강좌를 결제하는 것.

- 불합리한 상황에 대해 더 이상 침묵하지 않고, 생각을 담담하지만 분명하게 이야기하는 것.

그것이 무엇이든 상관없다. 중요한 것은 이 첫 행동의 성공 여부라는 결과가 아니라, 마침내 시작했다는 과정 그 자체다. 마침내 움직이기 시작했다는 사실이 그 어떤 거창한 결심보다 더 의미 있는 사건이다.

첫 행동에 의미를 부여하라

첫 번째 행동에 강력한 의미를 부여하라. 이 행동은 내면에서 시작되는 하나의 조용한 변화이자 선언이다. 이러한 선언은 작은 첫걸음을 위대한 여정의 시작으로 만든다. 거창한 계획서는 필요 없다. 지금 마음이 가리키는 단 하나의 행동. 그것을 선택하고 실행해 보자. 망설임을 넘어선 그 자리에 새로운 기회가 기다리고 있다. 우리에게 시간의 가장 큰 가치는 바로 '지금'에 있다. 그 첫걸음을 내딛는 순간, 자신만의 새로운 길을 만들어가는 새로운 여정을 시작한 것이다.

이 첫 번째 행동으로 비로소 삶의 '각본'에 첫 문장을 써넣은 작가가 되었다. 하지만 단 한 문장만으로는 위대한 서사가 완성되지 않는다. 이제 한 걸음을 내디딘 행동가를 넘어, 자신의 삶이라는 무대의 질서를 창조하는 진정한 '주권자'의 시각을 가질 차례다. 이어지는 마지막 장에서는 그 자유로운 창조에 대해 함께 탐구할 것이다.

제29장

새로운 판의 완전한 주권자

당신의 규칙으로 질서를 만들어라

마침내, 기나긴 여정의 끝에 우리는 모든 가면이 벗겨진 세상의 맨얼굴과 마주 섰다. 이러한 깨달음은 과거의 생각들로부터 자유롭게 하고, 새로운 가능성이 펼쳐진 지평으로 안내한다. 세상의 본질을 이해하게 된 이상 기존의 틀이나 타인의 시선에 과도하게 얽매이지 않는 진정한 자유를 경험하게 될 것이다. 물론, 각자의 길을 선택하고 새로운 시도를 하는 과정에서 때로는 기존 방식과의 작은 마찰이 따를 수도 있다. 스스로 만들어갈 '주체적인 삶'은 예측하기 어려운 도전과 성장의 기회로 가득할 것이며, 이 의미 있는 여정에서 잠재력을 최대한 발휘하고 원하는 바를 이루기 위해서는 이전과는 다른, 단련된 정신적 힘이 필요하다. 그것은 당신의 신념을 지키는 견고한 방패이자, 당신의 길을 밝혀줄 내면의 등대와도 같다.

얻는 것과 동시에 따르는 책임감

 진실을 안다는 것은 이전에는 상상할 수 없었던 해방감과 자유를 안겨줄 것이다. 더 이상 세상의 속임수에 쉽게 넘어가지 않을 것이며, 타인의 의도된 조종에 휘둘리지도 않을 것이다. 마치 새로운 세계의 코드를 읽은 사람처럼, 각자의 의지대로 현실을 재구성할 수 있는 변화의 가능성을 발견하게 될 것이다.
 하지만 이 깨달음은 동시에 적지 않은 책임감을 안겨줄 수 있다. 이는 자신에게 주어진 눈부신 '기회'이자 동시에 가볍지 않은 무게감을 지닌 '왕관'이다.
 세상의 이면과 부조리한 시스템을 알게 된 후, 가장 빠지기 쉬운 함정은 바로 냉소주의다. "어차피 세상은 원래 그래", "다 부질없어"라며 모든 것을 비웃고 방관하는 태도. 하지만 그것은 또 다른 형태의 자기합리화이자, 깨달음을 무의미하게 만드는 생각일 뿐이다. 진정한 각성은 세상을 바꾸거나, 혹은 최소한 자신만의 세계를 각자의 의지대로 창조하는 '능동적이고 의미 있는 행동'으로 이어져야 한다.
 이제 단순한 관찰자나 비판자를 넘어, 삶의 모든 영역에서 완전한 주권을 행사하는 '창조적 주권자'로, 즉 '내 삶의 설계자'로 거듭나야 한다. '내 삶의 설계자'란, 세상이 정해놓은 규칙을 그저 따르기만 하는 것이 아니라, 나만의 규칙을 직접 만들고 내 삶의 방향키를 스스로 통제하는 사람이다. 나아가 자신만의 단단한 세계를 세우고 그 안의 진정한 주인이 되는 것이다. 세상을 향해 손가락질하며 불평하는 것은 이제 우리의 역할이 아니다. 세상을 변화시키거나, 자신만의 새로운 세상을 만들어가는 도전을 시작해야 한다.

'바꿀' 것인가, '초월'할 것인가, '주도'할 것인가

'창조적 주권자'로서 각자의 세계를 건설해나갈 때, 당신 앞에는 크게 세 가지 삶의 방식이 놓여 있을 것이다. 어떤 길을 선택하든, 그것은 가장 깊은 욕망과 가치관에 따른 주체적인 결단이어야 하며, 그 결과 또한 온전히 자기 자신의 책임임을 명심해야 한다.

첫째, '변혁가(Transformer)'의 길이다. 세상의 부조리와 불의에 정면으로 마주하고, 자신의 힘과 지혜를 사용하여 더 나은 환경을 만들기 위해 적극적으로 행동하는 것이다. 이것은 가장 어렵고 때로는 큰 노력을 요구하는 길이지만, 동시에 가장 의미 있고 소중한 가치를 실현할 수 있는 길이기도 하다.

둘째, '초월자(Transcender)'의 길이다. 세상의 혼란과 부조리, 그리고 인간들의 소모적인 다툼으로부터 한 걸음 물러나, 내면의 깊은 평화와 정신적 자유를 추구하며 자신만의 이상적인 세계를 구축하는 것이다. 이것은 세상과의 직접적인 다툼을 피하는 것처럼 보일 수 있지만, 사실은 그 어떤 것에도 휘둘리지 않는 매우 강력한 형태의 정신적 자립일 수 있다.

셋째, '전략가(Strategist)'의 길이다. 세상의 게임의 룰을 그 누구보다 완벽하게 이해하고, 그 룰을 이용하여 현실 세계에서 성공과 탄탄한 입지를 확보하여 영향력 있는 위치에 서는 것이다. 이것은 가장 현실적이고 때로는 많은 경쟁에 직면할 수 있는 길이지만, 동시에 각자의 욕망을 가장 직접적이고 효과적으로 실현할 수 있는 길이기도 하다. 그리고 어쩌면, 이 책의 현실적인 조언과 가장 맞닿아 있는 선택지일지도 모른다. 어떤 길을 선택하든, 기억하라. 정답은 없으며, 오직 자신의 선택과 그 결과만이 존재할 뿐이다.

이것으로 "성공의 검은 속임수: 감춰진 매트릭스 탈출 버튼"의 모든 이야기는 끝을 맺는다. 하지만 이것은 결코 끝이 아니라, 당신의 진짜 인생, 가면을 벗어던진 당신의 의미 있는 새로운 도전의 시작을 알리는 힘찬 서곡이다. 더 이상 망설이거나 두려워하지 마라. 당신이 깨달은 진실, 당신이 연마한 기술, 그리고 당신이 구축한 강인한 정신을 바탕으로, 지금 당장 이 세상을 당신의 규칙으로 플레이하는 '주체적인 플레이어'로서 새로운 무대에 당당히 나서라!

이제, 당신만의 새로운 게임을 시작하라!

에필로그

익숙한 틀을 넘어,
당신의 진짜 이야기를 시작하며

만약 당신이 지금 이 책의 마지막 페이지를 넘기고 있다면, 우리는 꽤 길고 어쩌면 조금은 불편했을지도 모를, 그러나 반드시 필요했던 하나의 여정을 함께 완주한 셈이다. 이 책을 한 장 한 장 넘기면서 당신의 마음속에는 어떤 생각들이 폭풍처럼 휘몰아쳤을까. 어쩌면 당신이 철석같이 믿어왔던 세상의 질서와 성공에 대한 익숙한 공식들이 산산조각 나는 듯한 혼란을 느꼈을지도 모르고, 혹은 오랫동안 느껴왔지만 차마 입 밖에 내지 못했던 의문들이 비로소 명확한 언어로 정리되는 듯한 후련함을 맛보았을지도 모른다. 그 어떤 감정이었든, 이 책을 통해 당신이 세상을 바라보는 렌즈가 조금이라도 더 투명해지고, 성공이라는 게임의 규칙이 이전과는 다르게 보이기 시작했다면, 저자로서는 더 이상 바랄 것이 없는 소중한 성과다.

솔직히 고백하자면, 이 책에 담긴 다소 냉소적이고 때로는 위험하게까지 들릴 수 있는 생각들은 결코 하루아침에 얻어진 것이 아니다. 나 역시 과거에는 세상이 들려주는 달콤한 이야기에 취해, 남들이 선망하는 안정된 직장에 들어가고 사회가 정해놓은 성공의 로드맵을 충실히 따라가면 평탄하고 안락한 미래가 약속처럼 펼쳐질 것이라고 막연히 기대했던 시절이 있었다.

하지만 막상 그 '안전하다고 알려진 길' 위에 서 보니, 보이는 것은 정해진 경로와 예측 가능한 미래의 한계, 그리고 그 안에서 희미하게 질식해가는 내 진짜 욕망의 그림자였다. 단 한 번뿐인, 무엇과도 바꿀 수 없는 내 인생을 그렇게 정해진 틀 안에서, 제한된 만족감과 보이지 않는 통제 속에서 살고 싶지는 않았다. 내 삶의 모든 영역에서 좀 더 풍요롭고, 좀 더 자유로우며, 좀 더 주체적인 선택을 하고 싶다는 갈증이 마음속 가장 깊은 곳에서부터 용암처럼 끓어올랐다.

그래서 나는 익숙했던 모든 것과의 결별을 선언하고, 미지의 세계로 뛰어드는 새로운 도전을 선택했다. 그 과정은 예상대로 결코 순탄하지만은 않았다. 때로는 모든 것을 걸어야 하는 순간들도 있었고, 쓰라린 실패와 배신감에 몸서리치기도 했다. 하지만 그 치열하고도 고통스러웠던 과정 속에서 나는 이전에는 결코 볼 수 없었던 세상의 또 다른 이면, 즉 성공이라는 가면 뒤에 숨겨진 승자들의 민낯과 그들이 움직이는 방식을 아주 가까이에서 목격할 기회를 얻었다. 그들이 성공을 만들어내는 방식은 우리가 일반적으로 학교에서 배우거나 사회에서 이상적이라고 떠받드는 단어들만으로는 결코 설명될 수 없는, 훨씬 더 복잡하고 때로는 냉혹한 '현실의 게임'에 기반하고 있다는 것을. 그들은 기존의 가치들을 맹목적으로 따르는 대신, 현실의 필요에 맞춰 '다르게' 해석하고 '전략적으로' 적용하여 자신들의 목표를 거침없이 이루어내고 있었다. 이러한 깨달음은 나에게 큰 충격이자 세상을 다른 눈으로 보게 한 계기였다. 어쩌면 당신에게 불편함이나 상처를 주었을지도 모를 이 이야기들을 세상에 꺼내놓은 이유는, 현재 어떤 위치에 있든 더 나은 삶을 열망하는 모든 이들, 특히 보이지 않는 벽 앞에서 무력감을 느껴왔을 젊은 세대들에게 기존의 관점을 뒤흔드는 새로운 시각을 건네고 싶었기 때문이다. 진정한 변화는 때로 그런 불편함을 직시하는 데서부터 시작된다고 나는 믿는다.

이 책이 당신의 모든 문제에 대한 명쾌한 정답을 제시하거나, 누구나 따라 하면 성공할 수 있는 마법 같은 비법을 알려주는 것은 아닐 것이다. 감히 단언컨대, 세상에 그런 것은 존재하지 않으며, 만약 누군가 그런 것이 있다고 속삭인다면 그것이야말로 가장 경계해야 할 '검은 속임수'일 가능성이 높다. 다만, 이 책을 통해 당신이 그동안 너무나 당연하게 받아들였던 세상의 수많은 '가르침'과 '성공 공식'들에 대해 한 번쯤 날카로운 질문을 던져보고, 당신을 옭아매던 보이지 않는 사회적, 심리적 굴레의 존재를 명확히 인식하며, 궁극적으로 당신 자신만의 답을, 당신만의 성공 방정식을 찾아가는 작은 '도화선'이나 '해독제'가 될 수 있다면, 저자로서는 더 없이 큰 기쁨이자 보람일 것이다.

이제 이 책의 마지막 장은 닫히지만, 당신의 진짜 이야기는 바로 지금 이 순간부터 새롭게 시작된다. 당신은 이미 그 낡고 익숙했던 통제의 세계에서 벗어날 수 있는 '매트릭스 탈출 버튼'의 존재를 알았고, 그 버튼을 누를 용기와 지혜를 얻었을 것이다. 당신은 이 책을 통해 세상의 화려한 가면 뒤에 숨겨진 이면을 보는 또 하나의 시각을 얻었고, 어쩌면 당신 내면 깊숙한 곳에서 오랫동안 잠자고 있던 어떤 거대한 가능성, 혹은 잊고 지냈던 뜨거운 욕망이 깨어났을지도 모른다. 부디 그 작은 변화의 씨앗, 그 소중한 각성의 불꽃을 일상의 안일함 속에 꺼뜨리지 말고, 당신의 삶이라는 토양 속에서 정성껏 키워나가길 바란다. 때로는 의심하고, 때로는 저항하며, 때로는 과감히 모든 것을 걸고 당신만의 방식으로 그 씨앗에 물을 주고 햇볕을 쬐어주길 바란다.

당신의 삶은, 그 누구도 아닌 오직 당신만이 창조하고 완성할 수 있는 가장 특별하고도 아름다운 작품이다. 그 작품의 유일한 작가는 바로 당신 자신임을 결코 잊지 않기를 바란다. 부디 당신의 손으로 직접 써 내려갈 그 용감하고도 눈부신 성공 스토리가, 이 세상 어딘가에서 또 다른 누군가에게 새로운 희망과 영감을 주는 또 하나의 위대한 이야기가 되기를, 저편에서 진심으로 응원하고 기대하겠다.